재무관리의 이해와 응용

박 창 욱 著

에듀컨텐츠·휴피아
CH Educontents Huepia

들어가는 말

　재무관리(Financial Management)는 기업이 자금을 효율적으로 조달·운용하는 과정에서 등장한 경영학의 핵심 분야로써, 투자의사결정, 자본조달결정 등을 담당한다.

　기업에서 재무관리의 중요성은 계속 증가하고 있으며 재무관리의 관심 대상이 기업에서 개인으로 확대됨에 따라 '재테크'라는 용어로 개인 차원의 재무관리가 소개되고 있다. 결국 개인과 기업 모두 재무관리에 대한 올바른 이해가 필요한 시점이다.

　그러나, 재무관리에 대한 연구 영역이 확장되면서 교재의 분량이 늘어나고, 상당 부분에서 수리적 전개가 이루어지기 때문에 수학에 친숙하지 않은 사람들에게 거부감을 주고 있는 실정이다. 결국 초보자들이 방대한 내용과 수학적 전개방식이 나열된 교재로 재무관리를 접하면서 '재무관리는 계산이 많고 어려운 분야'라는 선입견을 갖게 되었다.

　이러한 문제를 해결하기 위해 본 교재는 재무관리를 처음 접하는 독자에게 초점을 맞춰 지엽적인 항목을 과감히 제거하고, 꼭 필요한 수학적 내용만을 쉽게 서술하여 재무관리의 핵심을 이해하면서 이를 응용할 수 있도록 구성하였다.

　본 교재를 통해 재무관리가 '공부해 볼 만한, 흥미 있는' 분야로 자리매김 하기를 바라며, 출간을 위해 도움을 주신 에듀컨텐츠휴피아의 이상렬 대표와 임직원 여러분께 감사의 말을 전한다.

2017년 8월

박 창 욱

목 차

제01장. 재무관리의 기초   3

제02장. 화폐의 시간가치   13

제03장. 현재가치와 균형가격   33

제04장. 자본예산   41

제05장. 포트폴리오 이론   57

제06장. 자본자산가격결정모형   75

제07장. 자본비용   95

제08장. 자본구조이론   107

제09장. 파생상품1: 선물   119

제10장. 파생상품2: 옵션   133

재무관리의 이해와 응용

박 창 욱 著

에듀컨텐츠·휴피아
CH Educontents Huepia

제1장. 재무관리의 기초

(주요 내용)

○ 재무관리의 정의

○ 재무관리의 목표

○ 재무관리의 세부 영역

1. 재무관리의 정의: 재무관리란 무엇인가?

(1) 재무관리와 재무제표

경영학(business administration)은 기업을 체계적으로 운영·관리하는 것을 주요 목적으로 하는 학문이다. 경영학은 생산관리(production management), 인적자원관리(human resource management), 재무관리(financial management), 회계학(accounting), MIS(management information system) 등 다양한 영역으로 세분할 수 있다. 경영학의 세부 영역에서 여러 번 등장하는 '○○관리(management)'는 '기업에서 ○○자원을 효율적으로 조달하고 운용하는 것'으로 정의할 수 있다. 이러한 관점에서, 재무관리는 '기업에서 재무자원(financial resource)을 효율적(efficient)으로 조달 및 운용을 하는 과정'으로 정의할 수 있다. 재무자원은 자금(돈, money, funds)을 의미하므로, 결론적으로 재무관리는 '기업에서 자금의 효율적 조달과 운용을 하는 과정'으로 정의할 수 있다.[1]

재무관리는 회계학의 결과물인 재무제표(Financial Statements) 중 하나인 재무상태표(대차대조표, B/S: Balance Sheet)와 연계하여 기능을 살펴볼 수 있다.

---

[1] 같은 논리로 인적자원관리는 인적자원(인력)의 효율적 조달과 운용(채용 및 부서 배치)을, 생산관리에서는 생산자원(기계설비 등)의 효율적 조달과 운용을 살펴본다.

[그림 1-1] 재무상태표(B/S)와 재무관리의 기능

```
                    재무상태표
    2016.12.31                      대한전자
         ((차변))    |    ((대변))
                    |      부채            자금 대여
                    |    (타인자본)    ←——  채권자(debtor)
         자산       |————————————
                    |      자본            자금 투자
                    |    (자기자본)   ←——  주주(shareholder)
         〈자금 운용〉  |  〈자금 조달〉
```

　[그림 1-1]은 대한전자의 2016년 말 시점의 재무상태표이다. 재무상태표는 특정시점에서 기업의 재무상태(자산, 부채, 자본) 현황을 정리한 재무제표다. 재무상태표는 차변(B/S 왼쪽)에 자산, 대변(B/S 오른쪽)에 부채와 자본을 표시하며, 복식부기 원리 때문에 차변의 합과 대변의 합이 항상 일치한다.[2] [자산 = 부채 + 자본]

　재무상태표 대변 항목은 재무관리 측면에서 자금의 조달상황(supply status of funds)을 보여준다. 타인자본(부채)은 채권자(debtor)가 기업에 자금을 대여해 준 것으로, 기업은 채권자에게 정해진 기간 동안 약정된 이자(interest)를 지급하고 만기 시점에 원금을 상환한다. 반면, 자기자본(자본)은 투자자(investor, 주식회사의 경우 주주(shareholder))가 기업에 자금을 투자한 것으로, 각 사업연도 종료 후 기업이 얻은 이익 중 일부를 주주에게 배당(dividend)으로 지급한다.[3]

---

[2] 복식부기 원리는 회계거래를 기록할 때 자산, 부채, 자본, 수익, 비용의 각 항목을 차변과 대변에 동시에 기록하는 것을 의미하며, 이를 통해 거래검증을 자동으로 할 수 있다.
[3] 회계학에서는 부채와 자본으로, 재무관리에서는 타인자본과 자기자본으로 표현한다.

채권자에게 지급하는 이자는 (변동금리채를 제외하면 지급이자율이 일정하기 때문에) 채권 발행 시점에서 금액이 확정되며, 기업의 매년 이익 규모와 무관하게 결정된다. 반면, 주주에게 지급하는 배당금은 주식 발행 시점에 결정되지 않고, 기업의 매년 이익 규모와 연동하여 결정된다. 따라서 채권자는 기업의 이익에 영향을 덜 받는 반면, 주주는 기업의 매년 이익 규모에 영향을 받게 된다.

재무상태표 차변 항목은 재무관리 측면에서 자금의 운용상황(operational status of funds)을 보여준다. 재무상태표에서 유동성(liquidity) 순으로 나열된 자산의 세부 항목(현금, 유가증권, 재고자산, 유형자산, 무형자산 등)은 기업이 조달한 자금을 어떻게 활용하고 있는가를 보여준다.[4]

경영학에서 중요하게 고려하는 의사결정(decision making)의 관점에서 살펴보면, 재무관리는 자본조달 의사결정과 자본운용(투자) 의사결정으로 나누어진다고 정의할 수 있다.[5]

(2) 효율적 조달 및 운용

재무관리는 '기업에서 자금을 효율적으로 조달 및 운용하는 과정'이라고 정의하였다. 그렇다면 '효율적(efficient)' 자금조달과 자금운용은 무엇을 의미할까?

(재무상태표의 대변 항목에서 확인할 수 있는) 효율적 자금조달은 기업의 자본비용(capital cost)을 낮추고, 유동성을 효과적으로 관리하는 것을 의미한다.[6] 자본비용을 낮추지 못할 경우 기업은 수익의 대부분을 비용으로 지출하게 되고, 당기순이익이 감소한다. 또한, 유동성을 적절하게 관리하지 못할 경

---

[4] 자산의 유동성은 해당 자산을 현금화시키는 데 소요되는 시간을 의미한다. 자산의 유동성이 높다는 것은 자산을 신속하게 현금화시킬 수 있다는 뜻이다. 유동성이 가장 높은 자산은 현금이며, 토지 등의 유형자산은 유동성이 낮다.
[5] 의사결정은 해당 사안을 실행할 것인가, 실행하지 않을 것인가를 결정하는 선택의 문제이다.
[6] 자본비용에 대해서는 7장에서 다룬다.

우 회계적으로는 이익이 발생하였으나 현금흐름의 문제로 인해 회사가 도산하는 흑자도산(insolvency by paper profits)의 문제가 발생할 수 있다.

(재무상태표의 차변 항목에서 확인할 수 있는) 효율적 자금운용은 기업의 투자수익률을 높여 수익성(profitability)과 성장성(growth potential)을 제고하는 것을 의미한다. 기업이 보유한 자금을 적절하게 활용하면 기업의 수익성과 성장성이 높아지고, 이를 통해 기업의 가치(firm value)가 증가하게 될 것이다.

지금까지 기업의 관점에서 살펴본 재무관리의 역할을 개인과 국가에 적용해보자. 개인 측면의 재무관리는 '개인이 자금을 효율적으로 조달 및 운용하는 과정'을 의미한다. 개인 차원의 재무관리에서 개인은 필요한 자금을 다양한 방식(근로소득, 대출, 투자수익 등)으로 조달하고, 조달한 자금을 어떤 방식(사업, 은행예금, 주식투자 등)으로 운용할 것인가를 의사결정한다. 국가 차원의 재무관리는 '국가가 자금을 효율적으로 조달 및 운용하는 과정'을 의미한다. 국가는 필요 자금을 어떻게 조달하고(세금, 국채 발행 등), 어떻게 사용할 것인지를(보건·복지·노동, 일반행정, 교육, 국방 등) 의사결정 하는 것이 국가 재무관리이다.

(3) 재무관리와 회계

재무관리와 회계는 기업의 자금 내역을 검토한다는 측면에서 공통점을 갖지만, 검토시점 및 세부사항에서 차이가 발생한다. 회계는 기업이 일정기간(일반적으로 1년) 동안 활동한 결과(순이익, 자산, 부채, 자본)를 사후 결산하는 과정에 주목한다. 즉, 일정기간 종료 후 과거 거래내역을 기초로 "사후(ex post) 결산"하는 과정이 회계의 주요 관심사항이다.

반면, 재무관리는 기업이 미래 일정기간 동안 실행해야 할 사항(자금의 조달 및 운용)을 "사전(ex ante) 의사결정"하는 과정에 주목한다. 예를 들어 2017년도 시작 시점(2017.1.1)에서 2017년 한 해 동안의 자금조달 및 자금운용을 재무관리 관점에서 계획·실행하고, 2017년 종료 시점(2017.12.31)에 1년 동안 발생한 거래들을 회계적 관점에서 요약·정리해서 손익계산서와 재무상태표 등의 재무제표를 작성하게 된다. [그림 1-2]는 시간의 경과에 따른 재무상태표와 손익계산서의 연계성을 보여주고 있다.

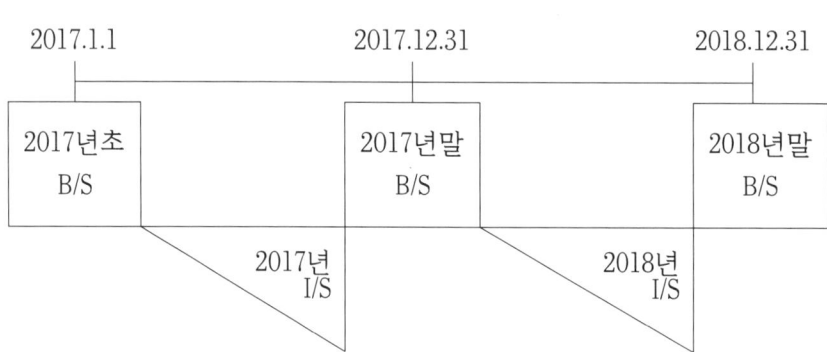

[그림 1-2] 재무상태표(B/S)와 손익계산서(I/S) 흐름도

2. 재무관리의 목표: 재무관리는 왜 하는가?

(1) 재무관리와 기업가치

기업은 왜 재무관리를 하는 것일까? [그림 1-3]은 대한전자의 2017년도 손익계산서를 보여주고 있다. 기업의 주요 활동인 제품 판매(매출액, sales)에서 제품 제조에 들어간 원가(매출원가, cost of sales)를 차감하면 매출로 발생한 이익(매출총이익, gross margin)을 얻을 수 있다. 이후 판매/일반관리비를 차감하여 영업이익(operating profit)을 구하고, 기타수익과 기타비용, 금융수익과 금융비용을 가감하여 법인세차감전순이익(net income before income taxes)을 구한다. 마지막으로 법인세비용을 차감하여 당기순이익(net income)을 계산한다.

[그림 1-3] 손익계산서(I/S)와 당기순이익 처분 방법

2017.1/1~12/31	손익계산서	대한전자
	매출액	xxx
	(-) 매출원가	(xxx)
	매출총이익	xxx
	(-) 판관비	(xxx)
	영업이익	xxx
	(±) 기타수익/기타비용	xxx
	(±) 금융수익/금융비용	xxx
	법인세차감전순이익	xxx
	(-) 법인세비용	(xxx)
	당기순이익	xxx

당기순이익 → 유보(사내 적립)
당기순이익 → 배당(사외 유출)

    기업이 한 해 동안 다양한 활동을 통해 이익이 발생하면(당기순이익), 기업은 두 가지 방법으로 이익을 처리한다.[7] 첫째, 향후 기업의 발전 차원에서 미래 재투자(생산기술, 설비 등)를 위해 당기순이익을 기업 내부에 적립(사내유보)한다. 둘째, 기업에 자금을 투자한 주주에게 배당을 지급하는데, 기업 입장에서 배당은 사외로 유출되는 금액이다.

    재투자를 위해 기업 내부에 유보된 자금은 재무상태표 상에서 자본 항목인 이익잉여금 계정에 쌓인다. 즉, 이익잉여금이 점차 증가하는 기업은 매년 지속적으로 당기순이익이 발생하는 기업으로 볼 수 있다. 이익잉여금은 자본 항목이므로, 대차평균의 원리에 의해 이익잉여금이 증가하는 기업은 자산도 증가한다. 자산 규모는 기업가치(firm value)를 의미하므로, 재무관리를 효과적으로 수행하는 기업은 기업가치가 지속적으로 증가한다고 볼 수 있다.

---

7) 수익(revenue)과 이익(profit)은 다른 개념이다. "수익-비용=이익"의 관계로 구성된다.

기업가치가 증가하더라도 채권자의 몫(부채)은 일정하다. 기업이 채권자에게 지급하는 이자와 원금은 사전에 결정되며, 당기순이익의 증감이 채권자의 이자와 원금에 영향을 미치지 않는다. 결국, 기업가치의 증가는 주주의 몫인 주주지분(자본)의 증가를 의미하며, 주주 부(wealth of shareholder)의 증가를 의미한다. 또한, 상장기업(listed company)에서 주주의 부를 보여주는 대표적인 지표로 주가(stock price)를 들 수 있으므로, 주주 부의 증가는 주가의 증가를 의미한다.

정리하면, 재무관리의 목표는 세 가지로 정의할 수 있다:
① 기업가치의 극대화   ② 주주 부의 극대화   ③ 주가의 극대화

이러한 정의는 네 가지 관점에서 장점이 있다. 첫째, 재무관리의 목표대상이 명확해진다. 기업가치는 주주의 부와 채권자의 부로 구성되기 때문이다. 둘째, 객관적 의사결정을 하는데 도움이 된다. 셋째, 화폐의 시간가치를 고려하는 데 유리하다. 넷째, 불확실성(위험)을 고려하는 데 유리하다. 이러한 관점은 기업과 주주를 동일 선상에 놓고 양측의 성장을 목표로 삼는다는 특징을 가지고 있다.[8]

(2) 주주자본주의 vs. 이해관계자자본주의

주주와 채권자 이외에 기업과 연관을 맺고 있는 기업의 이해관계자(stakeholder)에는 직원, 소비자, 지역사회, 정부 등이 있다. 기존 재무관리에서는 기업과 주주를 동일시하여 주주자본주의(shareholder capitalism)에 초점을 두고 다양한 연구를 진행하였다. 그러나 주주의 단기 이익만을 고려한 기업의 의사결정으로 인해 기업의 단기 목표는 달성하였지만 사회적으로 문제를 가

---

[8] 재무관리의 목표를 당기순이익(또는 주당순이익) 극대화로 삼는 것은 지금까지의 설명과는 차이가 있다.

져오는 경우가 발생하면서 주주자본주의에 대한 의구심이 지속적으로 제기되었다.

최근에는 기업이 주주 이외의 다양한 이해관계자의 이득을 고려하는 방법으로 재무관리의 시각이 확장되고 있으며, 이해관계자 자본주의(stakeholder capitalism)라고 부른다.

3. 재무관리의 세부 영역

재무관리는 세 가지 영역으로 세분할 수 있다:
① 기업의 자금조달 항목을 살펴보는 기업재무(corporate finance)
② 자금운용 항목을 연구하는 투자론(investment)
③ 자금을 중개하는 기관을 연구하는 금융기관론(financial institution)

기업재무에서는 기업이 어떤 방식으로 자금을 조달할 것인지, 자금 조달 방식이 다를 경우 기업의 가치에 차이가 발생하는지 등을 구체적으로 살펴본다. 투자론에서는 투자 의사결정시 고려해야 할 사항들을 살펴보고, 안정성을 고려하면서 수익률을 높일 수 있는 방법이 있는지 등의 사항을 구체적으로 살펴본다. 금융기관은 자금을 조달하는 자금공급자와 자금을 운용하는 자금수요자 사이에서 자금을 중개하는 기관이다.9) 금융기관론에서는 다양한 금융기관의 역할과 이로 인해 금융시장에서 발생하는 파급효과 등을 살펴본다.

최근 재무관리는 전통적 영역에서 연구했던 3대 분야(기업재무, 투자론, 금융기관론) 이외의 영역으로 연구 대상을 확장하고 있다. 재무관리의 새로운 영역 중 하나인 '행태재무론(behavioral finance)'이 있다. 행태재무론은 시장이 효율적이며 재무 의사결정론자들은 합리적이라는 재무관리의 전통적 가정이

---

9) 은행(bank)은 대표적 금융기관이다.

비현실적이라고 판단하여, 새로운 관점에서 재무관리를 연구하였다. 즉, 행태재무론에서는 비효율적시장(inefficient market)과 재무 의사결정자의 비합리적인 심리(irrational psychology)를 고려하여 기존 이론과 다른 주장을 전개하고 있으며, 시장에서 중요성이 점차 높아지고 있다.

재무관리에서 자금투자는 현재시점에서, 자금회수는 향후 미래시점에서 이루어지게 된다. 결국 자금투자와 자금회수 사이에 시간적 차이(gap)가 발생하게 되는데, 이 때문에 화폐의 시간가치(time value of money)가 필연적으로 등장한다. 화폐의 시간가치에 대해서는 2장에서 구체적으로 살펴보기로 한다.

제2장. 화폐의 시간가치

(주요 내용)

○ 유동성 선호 현상

○ 이자 vs. 이자율: 금액과 비율

○ 이자 계산 방식: 단리 vs. 복리

○ 화폐의 시간가치 계산

○ 영구연금의 현재가치 계산

1. 유동성 선호 현상

[그림 2-1] 상금 선택(1)

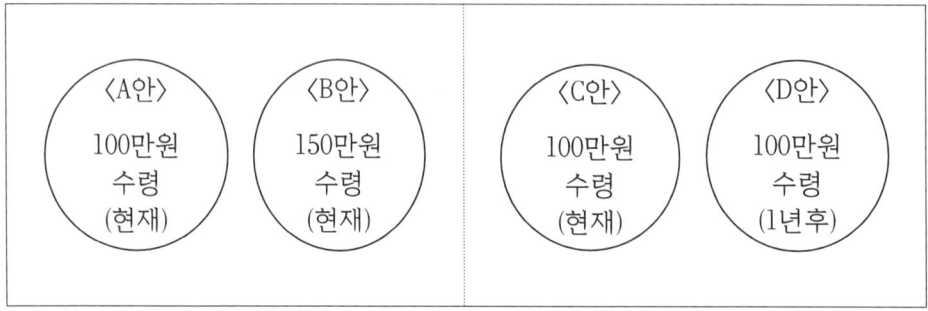

[그림 2-1]에서 상금을 받을 수 있는 A, B 두 가지 선택안이 존재한다고 가정하자. A를 선택하면 100만원을, B를 선택하면 150만원을 지금 당장 받을 수 있다면 누구나 B를 선택한다. 같은 시점의 대안을 비교할 때는 금액이 큰 것을 선택하면 된다.

금액이 같지만 상금을 수령하는 시점이 다른 경우에는 어떤 것을 선택해야 할까? 이 경우에는 더 빨리 돈을 받을 수 있는 대안을 선택하면 된다. [그림 2-1]에서 C를 선택하면 지금 당장 100만원을, D를 선택하면 1년 후 100만원을 받을 수 있다면 무엇을 선택하는 것이 합리적일까? 모두가 C를 선택할 것이다. C를 선택해서 지금 상금을 받아 1년 동안 은행에 넣어두면 1년 후 C의 가치는 원금 100만원에 이자가 붙어 D(100만원)보다 커진다.

유동성(liquidity)은 해당 자산이 얼마나 빠른 속도로 현금화 될 수 있는가를 의미한다. 같은 10억원의 자산이라도 상장주식과 부동산(토지) 중에서는 주식의 유동성이 높다. 상장주식은 주식시장에서 실시간으로 매매가 이루어지므로 현금화되는 속도가 빠른 반면, 부동산은 거래상대방을 찾기 어렵고 계약금, 중도금, 잔금으로 결제가 나뉘어져 매매에 시간이 걸린다.

즉, 받는 금액의 크기가 같다면 사람들은 유동성이 높은 대안을 선택한다. 1년 후 100만원을 받는 E와 5년 후 100만원을 받는 F 중 하나를 선택해야 한다면, 유동성이 높은 E를 선택하는 것이 합리적이다. 이러한 현상을 유동성 선호(liquidity preference) 현상이라고 한다.

유동성 선호 현상은 세 가지 이유에서 설명될 수 있다. 첫째, 미래 불확실성(uncertainty)을 제거할 수 있다. 미래에 받기로 한 금액은 여러 가지 이유로 수령이 불가능해 질 수 있기 때문에 최대한 신속하게 자금을 받아 불확실성을 제거할 필요가 있다. 둘째, 투자기회를 확보할 수 있다. 현 시점에서 좋은 투자기회를 발견했을 경우, 즉시 투자하기 위해서는 여유자금의 확보가 필요하기 때문에 최대한 신속하게 자금을 수령하는 것이 좋다. 셋째, 인플레이션(inflation) 위험을 막을 수 있다.[10] 화폐가치가 하락하는 인플레이션 상황에서 1년 후 100만원은 현재 시점의 100만원보다 가치가 떨어지게 된다.

---

10) 인플레이션은 통화량의 증가로 화폐가치가 하락하고 물가가 오르는 경제현상을 말한다.

2. 이자 vs. 이자율: 금액과 비율

[그림 2-2] 상금 선택(2)

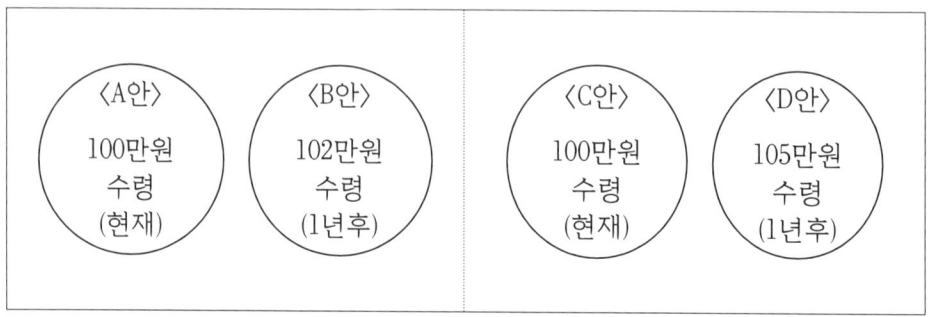

상금 수령시점과 상금액이 모두 다른 경우에는 어떤 의사결정을 하는 것이 현명할까? [그림 2-2]에서 지금 당장 100만원을 받을 수 있는 A와 1년 후 102만원을 받을 수 있는 B 중 어떤 것을 선택해야 할까? 금액이 2만원 많은 B를 선택하는 것이 타당할까? 한편, C(지금 100만원 수령)와 D(1년 후 105만원 수령) 중에서는 어떤 것을 선택해야 할까? 금액이 5만원 더 많은 D를 선택하는 것이 합리적일까?

시점이 다른 두 금액을 비교하기 위해서는 비교 대상 금액의 시점을 일치시킬 필요가 있다. [그림 2-3]의 A와 B를 살펴보자. 현재 시점 100만원의 A를 B와 동일한 시점인 1년 후 가치로 환산하면 얼마의 금액으로 평가할 수 있을까? 은행 정기예금 이자율이 연 3%라고 가정한다면, 원금 100만원에 1년 동안의 이자 3만원이 붙어 A는 1년 후 시점에서 103만원으로 평가될 것이다. 이제 A(1년 후 103만원)와 B(1년 후 102만원)는 시점이 동일(1년 후)하므로 금액 비교가 가능하며, 금액이 1만원 많은 A를 선택하는 것이 타당하다. C와 D의 경우, C는 1년 후 시점에서 103만원(원금 100만원, 이자 3만원)으로 평가되므로 D(1년 후 105만원)를 선택하는 것이 합리적이다.

만약, [그림 2-3]에서 은행 정기예금 이자율이 연 1%였다면, A의 1년 후 가치는 101만원(원금 100만원, 이자 1만원)이 되며, 이 경우에는 B(1년 후 102만원)를 선택하는 것이 타당하다. 요약하면, 시점이 다른 금액을 비교하거나 계산할 경우에는 시점을 일치시키는 과정이 반드시 필요하며, 이 과정에서 이자율(interest rate)을 고려할 필요가 있다. 화폐의 시간가치(time value of money)는 이자율을 고려해 화폐의 가치를 시점에 따라 환산한다는 것을 의미한다. 다시 말하면, 동일한 화폐가 시간의 변화에 따라 다른 가치를 갖는다는 것을 말한다.

[그림 2-3] 상금 선택(3)

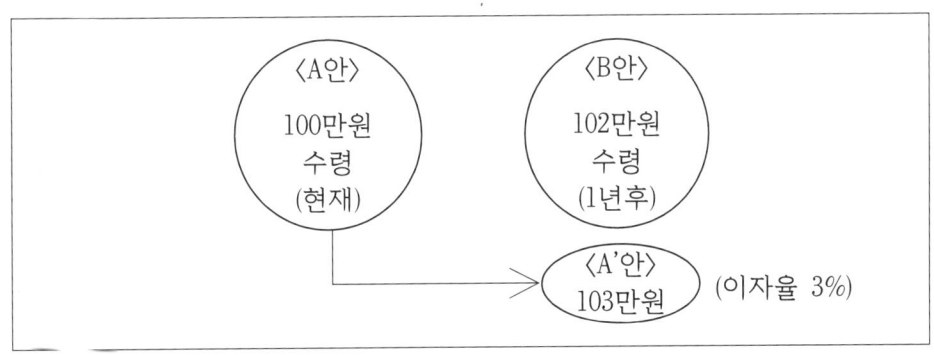

이자(interest)와 이자율(interest rate)은 화폐의 시간가치를 고려한다는 점에서 비슷한 개념이지만, 표현 방식에서 차이를 나타낸다. 이자는 금액(value, amount)으로 표시되며, 이자율은 비율(rate, ratio)로 표시된다. 〈표 2-1〉에서 A와 B의 이자액은 10배 차이가 나지만 이자율은 3%로 동일한데, 투자원금이 다르기 때문이다. 즉, A와 B는 동일한 가치를 가진 선택안으로 평가할 수 있다. 한편, A와 C를 비교하면, 이자액은 A가 C보다 3배 크지만 이자율 측면에서 볼 때, A는 3%에 불과하지만 C는 10%이므로 C를 선택하는 것이 더 합리적이다.

투자 원금은 투자 상황에 따라 달라질 수 있으므로, 합리적인 투자 의사결정을 위해서는 금액 개념의 이자가 아닌 비율 개념의 이자율을 적용하는 것이 타당하며, 본 교재에서도 화폐의 시간가치를 고려하는 방법으로 이자율을 이용하도록 한다.

<표 2-1> 이자와 이자율

선택안	원금(금액)	이자(금액)	이자율(비율)
A	100만원	3만원	$3\%(=\frac{3}{100}\times100)$
B	1,000만원	30만원	$3\%(=\frac{30}{1,000}\times100)$
C	10만원	1만원	$10\%(=\frac{1}{10}\times100)$

3. 화폐의 시간가치 계산

현재 시점의 가치를 현재가치(PV: Present Value)라고 하며, 현재 일정금액을 미래 일정시점의 화폐가치로 환산한 것을 미래가치(FV: Future Value)라고 한다. 미래 시점은 다양하므로 구별하기 위해 1년도 말 시점의 미래가치를 FV_1, 2년도 말 시점의 미래가치를 FV_2, n년도 말 시점의 미래가치를 FV_n 등으로 표기하자. 각 기간별 이자율을 알 수 있다면, 특정 시점의 가치는 다른 시점의 가치로 환산할 수 있으며, 앞에서 설명한 것처럼 여러 시점의 금액 비교 및 계산은 반드시 시점을 일치시킨 후 이루어져야 한다.

[그림 2-4] 현재가치와 미래가치

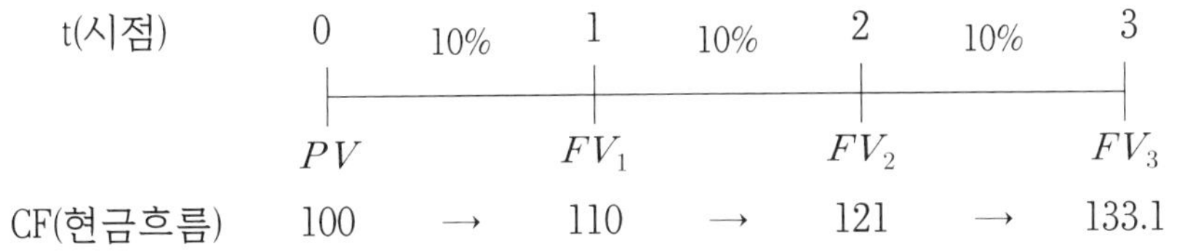

t(시점)	0	10%	1	10%	2	10%	3
	PV		FV_1		FV_2		FV_3
CF(현금흐름)	100	→	110	→	121	→	133.1

〈표 2-2〉 미래가치 계산 과정

미래가치	계산식
FV_1	$100+10 = 100 \times (1+0.1) = 110$
FV_2	$110+11 = 110 \times (1+0.1) = 100 \times (1+0.1)^2 = 121$
FV_3	$121+12.1 = 121 \times (1+0.1) = 100 \times (1+0.1)^3 = 133.1$

현재 시점의 최초 원금(PV)이 100만원이고 이자율이 연 10%(매년 일정)인 경우를 살펴보자. [그림 2-4]는 현재시점 100만원이 시간이 경과함에 따라 어떤 가치로 변화하는 가를 그림으로 보여주고 있으며, 〈표 2-2〉는 이를 수식으

로 설명하고 있다. 현재시점(PV) 100만원은 1년 후(FV_1)에 110만원으로 늘어나며, 원금 100만원과 이자 10만원으로 구성되어 있다. 이를 식으로 표시하면 $FV_1 = 100 \times (1+0.1)$가 된다.

2년 후(FV_2)에는 원금 110만원에 이자 11만원이 더해져 121만원이 되며, $FV_2 = 100 \times (1+0.1)^2$으로 표시할 수 있다. 3년 후($FV_3$)에는 원금 121만원에 이자 12.1만원이 더해져 133.1만원이 되는데, 이를 식으로 표시하면 $FV_3 = 100 \times (1+0.1)^3$이 된다.

동일한 과정으로 금액을 계산하면 현재 시점의 100만원을 n년도 말 시점의 가치(FV_n)로 환산할 수 있는데, $FV_n = 100 \times (1+0.1)^n$으로 표시된다. 100만원은 현재 시점의 가치(PV)로 표시할 수 있으며, 0.1은 이자율(interest rate, i)을 의미하므로, 일반식은 (식 2.1)과 같다.

$$FV_n = PV \times (1+i)^n \qquad \text{(식 2.1)}$$

FV_n: n년도 말 시점 미래가치　PV: 현재가치　i: 연 이자율　n: 연 수

(식 2.1)을 변형하면, n년도 말 시점의 미래가치(FV_n)로 현재가치(PV)를 계산할 수 있으며, (식 2.2)로 표시된다.

$$PV = \frac{FV_n}{(1+i)^n} \qquad \text{(식 2.2)}$$

PV: 현재가치　FV_n: n년도 말 시점 미래가치　i: 연 이자율　n: 연 수

> (예제 2.1) 현재 200만원의 3년 후 시점의 미래가치(FV_3)은 얼마인가? (이자율 연 5%)
>
> $\Rightarrow FV_3 = 200 \times 1.05^3 = 231.5 (만원)$
>
> (예제 2.2) 4년 후 시점의 미래가치(FV_4) 300만원은 현재가치로 얼마인가? (이자율 연 5%)
>
> $\Rightarrow PV = \dfrac{300}{(1.05)^4} = 246.8 (만원)$
>
> (예제 2.3) 6년 후 시점의 미래가치(FV_6) 500만원을 3년 후 시점의 미래가치(FV_3)로 환산하면 얼마인가? (이자율 연 5%)
>
> $\Rightarrow FV_3 = \dfrac{500}{(1.05)^3} = 431.9 (만원)$

각 기간별 이자율을 알 수 있다면 특정 시점의 금액을 다른 시점의 가치로 환산할 수 있으며, 미래 시점으로 이동할 경우 (1+이자율)을 곱하며, 현재 시점으로 이동할 경우 (1+이자율)로 나누면 된다. 미래가치를 계산할 때 사용하는 이자율을 수익률, 현재가치를 계산할 때 사용하는 이자율을 할인율이라고 하는 데, 표현 방법만 다를 뿐 같은 개념이다.

4. 이자 계산 방식: 단리 vs. 복리

이자를 계산하는 방식은 2가지 방법이 있다. 첫째 방법은 단리(simple interest rate)로서 최초 원금을 대상으로만 이자를 지급하는 방식이다. 둘째 방법은 복리(compound interest rate)로서 최초 원금에 이후 추가된 이자까지 모두 포함하여 이자를 계산한다. [그림 2-4]에서 계산한 방식은 복리 계산이며, [그림 2-5]에서는 단리와 복리의 계산 방식 차이를 보여주고 있다. 이러한 차이가 발생하는 이유는 각 기간별 이자를 결정하는 기준금액이 다르기 때문이다. 단리 계산은 기준 금액이 최초 원금(100)으로 매년 일정한 반면, 복리 계산은 시간이 경과할수록 이자가 붙어 기준금액이 증가한다.(100→110→121→⋯) 이를 그림으로 비교하면 [그림 2-6]으로 표현할 수 있다.

[그림 2-5] 이자 계산금액 비교: 단리 vs. 복리

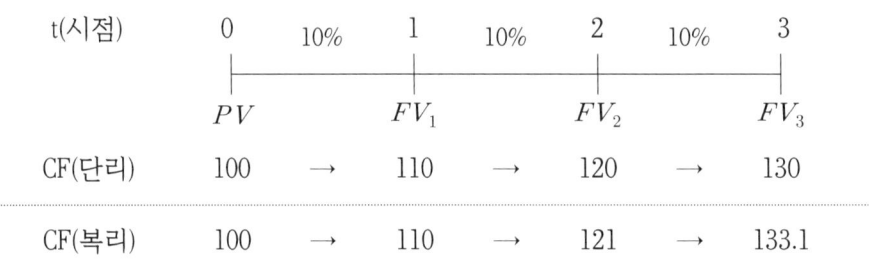

* 최초 원금 100만원, 이자율 연 10%로 가정

[그림 2-6] 이자 계산 시 기준금액: 단리 vs. 복리

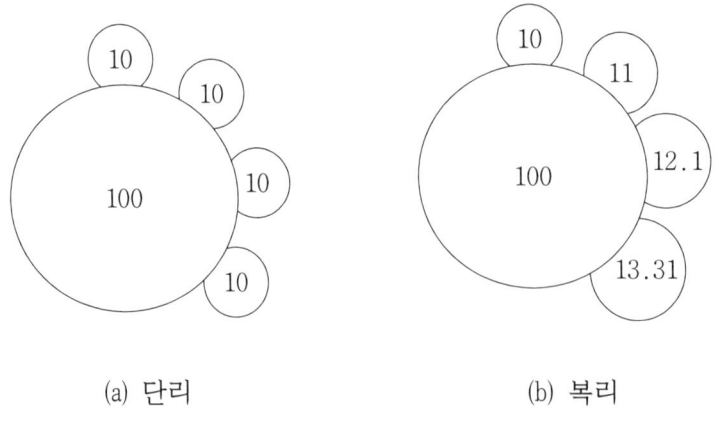

(a) 단리   (b) 복리

* 최초 원금 100만원, 이자율 연 10%로 가정

복리 계산은 [그림 2-4]에서 설명했으므로, 여기서는 단리 계산을 살펴보자. 현재 시점의 최초 원금(PV)이 100만원이고 이자율이 연 10%(매년 일정)인 경우, 현재 시점(PV) 100만원은 1년 후(FV_1)에 110만원으로 늘어나며, 원금 100만원과 이자 10만원으로 구성되어 있다. 이를 식으로 표시하면 $FV_1 = 100 \times (1+0.1)$가 된다. 여기까지는 단리 계산 방식과 복리 계산 방식의 이자가 동일하다. 그러나 2차년도부터 단리와 복리의 차이가 발생한다.

단리 계산 시 2년 후 미래가치(FV_2)는 원금 110만원에 이자 10만원이 더해져 120만원이 된다. 이자는 최초 원금(100만원)에만 적용되므로 2차년도에도 이자는 10만원이며, $FV_2 = 100 \times (1+0.1 \times 2)$으로 표시할 수 있다. 3년 후($FV_3$)에는 원금 120만원에 이자 10만원이 더해져 130만원이 되는데, 이를 식으로 표시하면 $FV_3 = 100 \times (1+0.1 \times 3)$이 된다. 동일한 과정으로 금액을 계산하면 현재 시점의 100만원을 n년도 말 시점의 가치(FV_n)로 환산할 수 있는데 $FV_n = 100 \times (1+0.1 \times n)$으로 표시된다. 단리 계산 방식의 미래가치와 현재가치를 구하는 일반식은 다음과 같다. 〈표 2-3〉은 원금(현재가치) 100만원, 이자율 연 10%일 때, 단리와 복리 계산방식에 따른 미래가치 금액의 차이를 비교하고 있다.

$$FV_n = PV \times (1+i \times n) \qquad (식\ 2.3)$$

$$PV = \frac{FV_n}{(1+i \times n)} \qquad (식\ 2.4)$$

FV_n: n년도 말 시점의 미래가치 PV: 현재가치 i: 연 이자율 n: 연 수

<표 2-3> 미래가치 계산 과정: 복리 vs. 단리

복리	미래가치	단리
$100 \times (1+0.1) = 110$	FV_1	$100 \times (1+0.1 \times 1) = 110$
$100 \times (1+0.1)^2 = 121$	FV_2	$100 \times (1+0.1 \times 2) = 120$
$100 \times (1+0.1)^3 = 133.1$	FV_3	$100 \times (1+0.1 \times 3) = 130$
$100 \times (1+0.1)^n$	FV_n	$100 \times (1+0.1 \times n)$

동일한 기간, 동일한 이자율일 때 단리 계산과 복리 계산의 이자금액을 비교하면 '복리 이자 ≥ 단리 이자'이다. 복리계산 이자와 단리계산 이자의 차이를 비교하면 이자계산 기간이 길어질수록 더욱 늘어나는데, 이를 '복리효과(compounding effect)'라 한다.

복리효과는 이자계산 기간이 늘어날수록 더 커지는데, 이를 보여주는 사례를 살펴보자. 1626년 유럽에서 종교의 자유를 찾아 미국으로 간 청교도들은 당시 미국에 살고 있던 원주민인 인디언들과 거래를 하게 된다. 거래내용에 따르면 청교도들은 당시 가치로 $24(물론 미국이 설립되기 전이므로 미국$ 대신 귀금속 등)을 지불하고, 인디언들로부터 뉴욕 맨하탄 섬을 사들였다. 이 거래는 이후 역사학자들로부터 청교도가 인디언에게 폭리를 취한 거래라는 평가를 받았다. 현재 세계에서 땅값이 가장 비싼 맨하탄 섬을 단돈 $24에 사들였기 때문이다.

그러나, 복리 효과를 고려한다면 거래에 대한 평가가 달라질 수 있다. 1626년을 현재시점, $24을 현재가치($PV$)로 생각한다면 2015년은 390년 후로 환산할 수 있다. 즉, $24의 현재가치를 390년 동안 복리 방식으로 투자할 경우 390년 후의 미래가치는 $FV_{390} = 24 \times (1+i)^{360}$ (i는 연이자율)이 된다. 이자율이 몇 %가 되는가에 따라 $26는 엄청난 차이를 보이게 되는데, 이자율이 6%라면 $1,776억, 이자율이 7%라면 $6조9,164억이라는 가치로 불어난다. 이는 현재 맨하탄 섬의 현 시세를 기준으로 하더라도 10번 이상 사고 남는 금액이 된다. 반면 동일한 390년 동안 단리로 인디언들이 투자했다면 이자율이 6%인 경우 $586, 이자율이 7%의 경우 $679에 불과하게 되어 복리 계산과 비교할 때 엄청난 차이를 가져오게 된다. 이러한 차이는 이자 계산 기간이 390년이라는 상당히 긴 기간 동안 이루어졌기 때문이다.

5. 화폐의 시간가치 계산 응용

이자율(할인율)을 알 수 있다면 현재 시점의 금액을 미래가치로, 미래 시점의 금액을 현재가치로 환산할 수 있다. 지금까지 살펴본 것들을 현실적으로 반영하여 화폐의 시간가치를 계산하도록 하자.

(1) 이자율이 변동할 때

(예세 2.1)을 다시 살펴보자. 현재 200만원의 3년 후 미래가치(FV_3)를 계산하면 얼마가 될까? 앞에서는 3년 동안 연 이자율이 5%로 매년 동일하다는 가정 하에 $FV_3 = 200 \times 1.05^3 = 231.525$(만원)이라고 계산하였다. 그러나, 이자율은 3년 동안 매년 변동한다고 보는 것이 더 현실적이다. 그렇다면 매년 이자율이 변할 경우 어떻게 계산해야 할까?

(복리계산을 가정한다면) 이자율이 중간에 변동하더라도 매년 각 기간의 이자율을 적용하여 미래가치로 환산할 경우 '×(1+이자율)'로, 현재가치로 환산할 경우 '÷(1+이자율)'을 계산하면 되며, 이는 지금까지의 계산논리와 동일하다.

현재 200만원의 3년 후 미래가치를 계산하는데 있어, 이자율이 1차년도에는 5%, 2차년도에는 4%, 3차년도에는 3%로 하락하고 있다고 가정하자. 이를 그림으로 표시하면 [그림 2-7]과 같다. 현재가치 200만원을 3년 후 미래가치로 환산하면, $FV_3 = 200 \times 1.05 \times 1.04 \times 1.03$이 된다. (예제 1)에서는 3년간 이자율이 5%로 동일했기 때문에 $FV_3 = 200 \times 1.05 \times 1.05 \times 1.05 = 200 \times 1.05^3$으로 표시했을 뿐 계산 방법은 동일하다.

[그림 2-7] 이자율이 변동할 때: 미래가치 계산

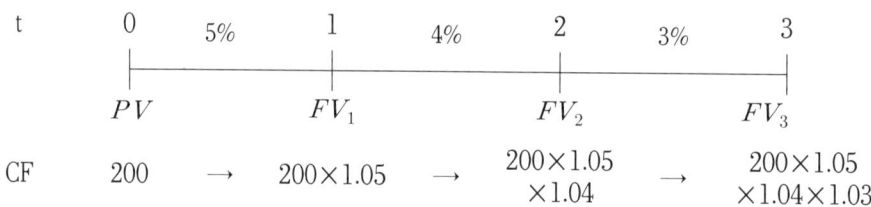

이자율이 1차년도 3%, 2차년도 4%, 3차년도 5%로 매년 변동할 때, 3년 후 시점의 미래가치(FV_3) 300만원은 현재가치로 얼마인가? 300만원의 미래가치를 현재가치로 환산하면, $PV = \dfrac{300}{1.03 \times 1.04 \times 1.05}$이 된다. 만약 3년간 이자율이 5%로 동일하다면 $PV = \dfrac{300}{1.05 \times 1.05 \times 1.05} = \dfrac{300}{1.05^3}$으로 표시했을 뿐 계산 방법은 동일하다.

[그림 2-8] 이자율이 변동할 때: 현재가치 계산

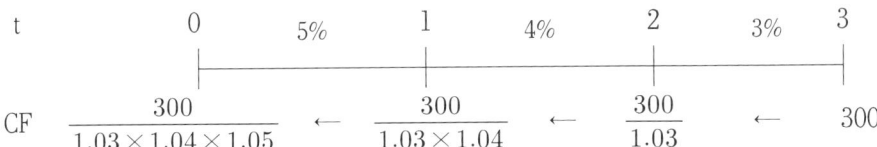

(2) 1년에 여러 번 이자 계산할 때

지금까지 이자율 계산은 1년에 1번만 이루어지는 것으로 가정하였으나, 실제로는 이자계산 횟수가 달라질 수 있다. 만약 1년에 여러 번 이자를 계산한다면 차이가 있을까?

현재가치 100만원, 1년간 연 이자율이 12%라고 가정할 때 1년 후 미래가치를 계산하는 과정에서 다음의 경우를 비교해보자.

① 1년에 1번 이자 계산: $FV_1 = 100 \times (1+0.12) = 112$(만원)

② 1년에 2번 이자 계산: $FV_1 = 100 \times (1+\dfrac{0.12}{2})^2 = 112.4$(만원)

③ 1년에 4번 이자 계산: $FV_1 = 100 \times (1+\dfrac{0.12}{4})^4 = 112.6$(만원)

④ 1년에 12번 이자 계산: $FV_1 = 100 \times (1+\dfrac{0.12}{12})^{12} = 112.7$(만원)

①~④를 계산하면, 동일한 1년 동안 연 12%의 이자율을 적용했지만 이자계산 횟수가 달라짐에 따라 1년 후 미래가치 금액이 달라지고 있다. 크기를 비교하면 '①<②<③<④'로써, 같은 기간이라도 이자계산 기간을 짧게 나눠서 여러번 이자를 계산할수록 미래가치 금액이 늘어난다. 이런 관점에서 (식 2.1)과 (식 2.2)에서 i는 '연 이자율'이 아니라 '이자계산 기간당 이자율'로 바꿔야

하며, n은 '연 수'가 아니라 '이자계산 횟수'로 이해하는 것이 정확하다.

다만, 이러한 차이는 복리로 이자를 계산할 경우 발생하는 것으로, 단리로 계산할 경우에는 이자지급 횟수를 변경하더라도 미래가치 금액이 동일하다. 단리계산 방식일 경우 결과는 다음과 같다.

① (단리)1년에 1번 이자 계산: $FV_1 = 100 \times (1+0.12) = 112$(만원)

② (단리)1년에 2번 이자 계산: $FV_1 = 100 \times (1+\frac{0.12}{2} \times 2) = 112$(만원)

③ (단리)1년에 4번 이자 계산: $FV_1 = 100 \times (1+\frac{0.12}{4} \times 4) = 112$(만원)

④ (단리)1년에 12번 이자 계산: $FV_1 = 100 \times (1+\frac{0.12}{12} \times 12) = 112$(만원)

지금까지 배운 내용을 응용해보자. 이자를 복리로 계산한다고 가정할 때, 현재 일정금액을 미래 시점에 더 크게 늘리고 싶으면 어떤 방법을 이용하면 될까? (식 2.1)에서 이자율(i)을 높이거나, 기간(n)을 늘리면 될 것이다. 그러나, 기간을 늘릴 수 없다면 이자계산 주기를 짧게 만들어 동일한 기간 동안 이자계산 횟수를 늘린다면 미래가치가 더욱 증가할 것이다.

(3) 현금흐름이 여러 번 발생할 때

시점별로 불규칙하게 현금흐름이 발생하는 경우 그 현재가치는 어떻게 구할까? 이는 각 시점별 현금흐름을 개별적으로 할인하여 현재가치를 산출하고 이를 모두 더하는 방법밖에 없다.

(예제 2.4) 1년 후 50만원, 2년 후 70만원 현금흐름 발생 시 현재가치는? (연이자율은 4%이며, 1년에 한번 이자 계산함)

$$\Rightarrow PV = \frac{50}{(1+0.04)} + \frac{70}{(1+0.04)^2} = 112.8(만원)$$

(예제 2.5) 1년 후 50만원, 2년 후 70만원 현금흐름 발생 시 4년도 말 시점의 미래가치는? (연이자율은 4%이며, 1년에 한번 이자 계산함)

$$\Rightarrow FV_4 = 50 \times (1+0.04)^3 + 70 \times (1+0.04)^2 = 132.0(만원)$$

6. 영구연금의 현재가치 계산

연금(annuity)은 일정기간 동안 일정 금액을 수령하는 상품이다. 예를 들어 1년 후부터 향후 3년 동안 매년 100만원씩 현금을 받는 연금상품이 있다고 가정하자. 3년 동안 할인율이 매년 4%로 일정하다면, 이 상품의 현재가치는 얼마일까? 현금흐름이 여러 번 발생하는 경우 각각 계산할 수밖에 없으므로 다음의 식을 계산하게 된다.

[그림 2-9] 연금의 현재가치 계산

$$\frac{100}{1.04} + \frac{100}{1.04^2} + \frac{100}{1.04^3} = 277.5(만원)$$

계산의 편의를 위해 〈부록 4〉에 있는 연금의 현재가치표를 이용해보자. 〈부록 4〉에 있는 값은 1원의 가치를 의미하는 것으로, 기간 3년, 이자율 4%에 해당되는 2.7751원은 3년간 매년 1원씩 받는 연금의 현재가치를 의미하므로, 연금액을 매년 100만원씩 받는 예에서는 2.7751×100(만원)=277.5(만원)으로 직접 계산과 동일한 결과를 얻을 수 있게 된다.

〈표 2-4〉 연금의 현재가치계수표

기간	이자율									
	1%	2%	3%	4%	5%	6%	7%	8%	9%	10%
1	0.9901	0.9804	0.9709	0.9615	0.9524	0.9434	0.9346	0.9259	0.9174	0.9091
2	1.9704	1.9416	1.9135	1.8861	1.8594	1.8334	1.8080	1.7833	1.7591	1.7355
3	2.9410	2.8839	2.8286	2.7751	2.7232	2.6730	2.6243	2.5771	2.5313	2.4869
4	3.9020	3.8077	3.7171	3.6299	3.5460	3.4651	3.3872	3.3121	3.2397	3.1699
5	4.8534	4.7135	4.5797	4.4518	4.3295	4.2124	4.1002	3.9927	3.8897	3.7908

[그림 2-10] 영구연금의 현금흐름

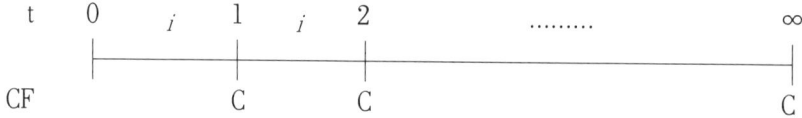

일정한 연금액을 영원히 수령하는 연금을 영구연금(perpetual annuity)이라고 한다. [그림 2-10]은 영구연금의 현금흐름을 보여주고 있다. 매년 말 동일한 금액(C)을 영원히 받는 영구연금의 현재가치는 계산 가능할까?

이자율이 일정하다면 영구연금의 현재가치는 무한등비급수의 합계를 이용하여 계산할 수 있다. (초항 $\frac{C}{1+i}$, 공비 $\frac{1}{1+i}$) 매년 말 동일한 금액 C를 무한히 받게 되는 영구연금의 현재가치는 (식 2.5)와 같이 매 시점 수령액 C를 이자율 i로 나누어주면 된다.

$$S_0 = \frac{C}{(1+i)^1} + \frac{C}{(1+i)^2} + \frac{C}{(1+i)^3} + \cdots = \frac{\frac{C}{1+i}}{1-\frac{1}{1+i}} = \frac{C}{i} \qquad \text{(식 2.5)}$$

만약 연금(C)이 매년 일정한 비율(g)로 증가한다면 영구연금의 현재가치는 (식 2.6)과 같다.(초항 $\frac{C}{1+i}$, 공비 $\frac{1+g}{1+i}$)

$$S_0 = \frac{C}{(1+i)^1} + \frac{C(1+g)}{(1+i)^2} + \frac{C(1+g)^2}{(1+i)^3} + \cdots = \frac{\frac{C}{1+i}}{1-\frac{1+g}{1+i}} = \frac{C}{i-g} \qquad \text{(식 2.6)}$$

영구연금의 현재가치 계산식을 이용할 경우 위 공식이 적용되는 시점은 최초 연금액을 받는 시점의 직전 시기라는 점을 주의해야 한다.

(예제 2.6) 1년 후부터 매년 10만원을 받는 영구연금의 현재가치는? (연이자율은 4%이며, 1년에 한번 이자 계산함)

⇒ 영구연금 가치 = $\frac{10}{0.04}$ = 250(만원) ← 영구연금의 현재가치(PV)

(예제 2.7) 4년 후부터 매년 10만원을 받는 영구연금의 현재가치는? (단, 연이자율은 4%이며, 1년에 한번 이자 계산함)

⇒ ① 3년도 말 시점 기준 영구연금 가치 = $\frac{10}{0.04}$ = 250(만원) ← FV_3

② FV_3을 PV로 환산 = $\frac{250}{(1+0.04)^3}$ = ← 영구연금의 현재가치(PV)

에듀컨텐츠·휴피아
CH Educontents Huepia

제3장. 현재가치와 균형가격

(주요 내용)

○ 가격의 종류: 시장가격 vs. 균형가격

○ 차익거래

○ 균형가격 계산: 채권, 주식

1. 균형가격과 시장가격

    모든 재화에는 시장가격과 균형가격이라는 두 가지 종류의 가격이 존재한다. 시장가격(market price)은 시장에서 실제로 거래되는 가격을 말한다. 시장가격은 누구나 쉽게 알아볼 수 있으며(visible), 시장의 수요와 공급에 의해 결정된다. 시장가격은 수요가 많아지면 올라가고 공급이 많아지면 내려간다.

    반면, 재화에는 눈에는 보이지 않는(invisible) 균형가격이 존재한다. 균형가격은 자산의 적정가격(내재가치)을 의미하며, 2장에서 소개한 현재가치(PV)와 동일한 개념이다. 재화로 인해 발생하는 미래시점의 현금흐름을 현재가치로 환산한 것이 그 재화의 내재가치가 된다. 예를 들어 주식을 보유하면 배당금을 받는데, 향후 예상 배당금을 적절한 할인율로 할인하여 현재가치를 구하면 주식의 균형가격을 구한 것이 된다. 채권 투자자의 경우 미래 시점에 받을 이자와 만기 시점에 받는 원금의 현재가치를 구하면 채권의 균형가격을 구할 수 있다. 재무관리에서 가격결정모형(pricing model), 가치평가이론(valuation theory)은 균형가격을 구하는 식을 말한다.

    시장에서 쉽게 확인할 수 있으며 모두가 동일하게 평가하는 시장가격과 달리 미래 현금흐름의 추정과 할인율의 차이 때문에 동일한 재화일지라도 균형가격은 사람마다 다르게 평가될 수 있다. 또한, 시장가격은 균형가격과 다른 원리로 결정되므로 균형가격과 같을 수도 있고 다를 수도 있다.

    정리하면, 균형가격은 미래 현금흐름을 할인한 현재가치로 결정되고, 시장가격은 시장의 수요곡선과 공급곡선이 만나는 수준에서 결정된다. 양자가 다를 경우 차익거래 기회가 발생한다.

2. 차익거래

어떤 자산의 시장가격이 균형가격과 같은 상태를 균형상태(equilibrium)라고 한다. 그러나 현실적으로 두 종류의 가격이 다른 경우가 일반적이며, 이를 불균형상태(disequilibrium)라고 한다.

동일한 시점에서 동일한 자산의 균형가격과 시장가격이 다른 경우 발생할 수 있는 거래를 차익거래(arbitrage)라 한다. 차익거래는 균형가격을 기준으로 시장가격이 싼 경우 자산을 매입(buy)하고, 시장가격이 비싼 경우 자산을 매도(sell)하는 거래전략을 의미한다.

어떤 자산의 시장가격이 균형가격보다 낮다면 이 자산은 현재 저평가(underprice)된 것이므로 사람들은 이를 매입하려 한다. 수요가 증가하면 자산의 시장가격이 점차 상승하며 결국 균형가격 수준까지 도달하게 된다.

반면, 시장가격이 균형가격보다 높다면 자산이 현재 고평가(overprice)된 것을 의미하므로 사람들은 자산을 시장에서 매도하려 하고 공급 증가로 시장가격이 점차 하락하여 결국 균형가격 수준과 동일해진다.

〈표 3-1〉 시장불균형과 차익거래

불균형상태	차익거래	무위험이익
시장가격 〈 균형가격	매입(buy)	균형가격 - 시장가격
시장가격 〉 균형가격	매도(sell)	시장가격 - 균형가격

특정 자산의 시장가격이 균형가격보다 낮다면 투자자들은 낮은 시장가격으로 자산을 구입한 후 향후 시장가격이 상승해서 균형가격 수준이 될 때 이를 다시 팔아서 이익을 얻을 수 있다. 반면, 자산의 시장가격이 균형가격보다 높다면 투자자들은 현재 높은 시장가격으로 이 자산을 판매한 후 향후 시장

가격이 하락해서 균형가격 수준이 될 때 이를 다시 구입해서 이익을 얻을 수 있다. 즉, 자산이 고평가되었던 저평가되었던 상관없이 균형가격과 시장가격의 차이가 발생하기만 한다면 차익거래를 통해 안정적인 이익을 얻을 수 있다. 이러한 이익을 무위험이익(risk free return)이라고 한다.

차익거래는 자금 투입이 필요하지 않고(no invest), 투자에 따른 위험도 없다(no risk)는 두 가지 특징이 존재한다. 저평가 자산의 경우 다른 곳에서 자금을 차입하여 매수한 후 나중에 시장가격이 상승했을 때 매도하여 차입한 자금을 상환하면 별도의 자금 투자 없이 무위험 이익을 얻을 수 있다. 고평가 자산의 경우 해당 자산을 빌려서 지금 판매하고, 향후 시장가격이 하락했을 때 구입해서 빌린 자산을 상환하면 별도의 자금 투자 없이 무위험 이익을 얻을 수 있다.

재무관리에서는 시장이 일시적으로 불균형상태가 될 수 있지만, 투자자들의 차익거래로 인해 결국은 균형상태로 가게 된다고 본다. 또한 균형상태가 되면 차익거래를 할 수 있는 기회가 없어진다고 본다.

3. 증권의 균형가격 계산

(1) 채권 균형가격

채권은 일반적으로 액면가(face value), 만기(maturity), 액면이자율(face interest rate)이라는 3가지 요소로 구성된다.[1] 채권을 보유하면 정해진 기간 동안 이자를 받고 만기에 원금을 받는다. 따라서 향후 발생할 이자와 원금의 현재가치를 구하여 더한 값이 채권의 균형가격이 된다. 이렇게 구한 균형가

---

[1] 영구채의 경우에는 만기 없이 일정 이자를 매년 지급한다.

격을 시장가격과 비교하며 차익거래 기회를 살펴보면 된다.

채권 균형가격 계산 시 분자에 해당하는 현금흐름은 이자와 원금이다. 채권자가 매년 받는 이자는 액면금액에 액면이자율을 곱한 금액이고, 만기에 받는 원금은 액면금액이다. 분모에 해당하는 할인율은 채권의 액면이자율이 아닌 시장이자율(market interest rate)로써, 채권수익률이라고 한다.

(예제 3.1) 액면금액은 10,000원이고 액면이자율이 5%인 대한전자 채권이 있다. 채권의 만기는 2년이며, 이자는 매년 말 1회 지급된다. 채권의 현금흐름에 대한 할인율은 연 10%이다.

(1) 채권의 균형가격은 얼마이고,

(2) 채권수익률은 얼마인가?

(풀이)

(1) 매년 말 받게 되는 이자액은 액면금액에 액면이자율을 곱한 500원(=10,000×5%)이다. 그리고 만기 2년 동안 이자를 2번 받게 되므로 원금과 채권의 현재가치를 다음과 같이 구한다.

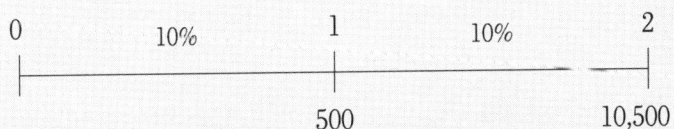

⇒ 대한전자 채권의 현재가치=균형가격 이므로

$$\frac{500}{1.1} + \frac{10,500}{1.1^2} = 9,132(원)$$이 균형가격이 된다.

(2) 이 채권을 현재시점에서 균형가격인 9,132원에 구입하면, 1년 후에는 이자 500원, 2년 후에는 원금과 이자를 합쳐 10,500원을 받게 된다. 이렇게 채권에 투자해서 2년 동안에 얻게 되는 연평균수익률은 10%이다.

(2) 주식 균형가격

주식을 매수 후 보유하면 기업 이익에 따라 배당금을 받게 되며, 미래 배당금의 현재가치를 구하면 주식 균형가격이 된다. 채권은 발행 시점에서 미래 현금흐름이 확정되지만, 주식은 향후 배당금 수준을 정확하게 예상할 수 없다. 따라서 채권보다 주식의 균형가격 계산이 더 불확실하다. 다만, 향후 배당금이 일정 수준으로 유지되며 할인율도 일정하다면 주식의 균형가격 계산이 가능하다. 균형가격 계산시 분수값의 분자에 해당하는 현금흐름은 미래 배당금이며 분모에 해당하는 할인율은 주식수익률이라고 한다. 수익률은 미래가치를 계산할 때 사용하고 할인율은 현재가치를 구할 때 사용하는 용어로서 동일한 개념이라는 것을 2장에서 살펴보았다.

균형가격 계산은 채권, 주식과 같은 유가증권뿐만 아니라 실물자산 투자, 기업가치 평가 등 다양한 분야에서도 미래 현금흐름의 현재가치를 계산하는 동일한 방식으로 적용할 수 있다.

(예제 3.2) 대한전자 주주들에게 매년 말 5,000원씩의 배당금을 지급할 것이며, 이 현금흐름에 대한 할인율은 연 10%이다. 주식시장에서 대한전자 주식은 40,000원에 거래되고 있다.

(1) 대한전자 주식의 균형가격은 얼마인가?
(2) 주식수익률은 얼마인가?

(풀이)

(1) 계속기업의 관점에서 대한전자 주주는 영원히 매년 5,000원씩 배당금을 받을 것이다. 따라서 대한전자 주식의 균형가격은 영구연금의 현재가치를 구하는 방법으로 계산할 수 있다.

$$\Rightarrow \frac{5,000원}{10\%} = 50,000원$$

그런데 대한전자 주식의 시장가격은 40,000원에 거래되고 있다. 즉 '시장가격 ≠ 균형가격'으로 차익거래가 가능하다. '균형가격>시장가격'이므로 현재 주식이 저평가되어 있으며, 시장가격이 회복되기 전에 주식을 매수하면 주당 10,000원씩의 무위험이익을 얻을 수 있다.

(2) 현 시점에서 40,000원의 주식을 사면 매년 5,000원의 배당수익을 얻게 된다. 수익률이 12.5%가 되므로 주식수익률은 12.5%이다.

에듀컨텐츠·휴피아
CH Educontents Huepia

제4장. 자본예산

(주요 내용)

○ 자본예산의 정의

○ 투자안의 종류

○ 현금흐름의 추정

○ 투자안의 경제성 평가

○ 순현재가치법과 내부수익률법 비교

1. 자본예산의 정의

자본예산(capital budgeting)은 기업의 실물투자와 관련된 의사결정 문제를 다루는 것이다. 실물투자는 대규모 기계설비 구입, 새로운 공장이나 기업 설립 등 다양한 경우로 발생한다.

자본예산에서 고려하는 실물투자는 장기간에 걸쳐서 자금투자와 회수가 이루어지며, 거액의 자금이 소요되기 때문에 기업에 미치는 효과가 매우 크다. 따라서 자본예산은 기업재무의 관점에서 매우 중요하며 신중하게 검토되어야 한다.

자본예산을 수행하는 과정은 [그림 4-1]과 같이 나타낼 수 있다. 자본예산의 4단계는 투자기회의 탐색과 선정, 현금흐름의 측정, 투자안의 평가, 통제 및 사후관리를 말한다. 이 중 2단계와 3단계가 중요하기 때문에 좁은 의미로 자본예산을 말할 때는 이 두 가지를 의미한다.

[그림 4-1] 자본예산의 절차

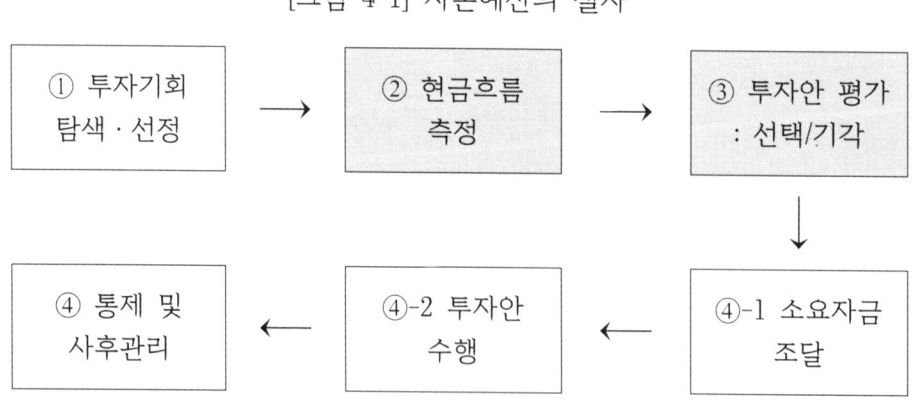

(1단계) 투자기회의 탐색과 선정
기업의 사전에 수립한 장기적 경영전략에 기반을 두고 전략을 실현하기 위한 구체적인 투자기회를 찾아서 이를 통한 기업의 성장기회를 탐색한다.

만약 해당투자를 통해 성장기회가 없다고 판단되면 투자안을 기각(포기)하고, 성장기회가 있다고 판단되면 2단계로 넘어간다.

(2단계) 현금흐름의 측정

1단계에서 성장기회가 있다고 판단된 투자안에 대해서 향후 발생할 것으로 예상되는 현금흐름을 측정한다. 이 단계에서는 투자안을 수행할 경우 기대되는 미래 현금흐름에 대해서 현금흐름의 크기와 발생시점, 현금흐름의 불확실성을 추정하게 된다.

(3단계) 투자안의 선택 또는 기각

2단계에서 추정한 미래 현금흐름에 관한 자료를 기초로 투자안의 채택 여부를 결정한다. 3단계를 투자안의 경제성평가 단계라고 한다.

투자안의 경제성을 평가하는 방법에는 회수기간법, 회계적 이익률법, 순현재가치법, 내부수익률법 등이 있다. 이 중 순현재가치법과 내부수익률법은 화폐의 시간가치를 고려하는 방법이기 때문에 이론적으로 선호되며, 그 중에서도 순현재가치법이 가장 우수한 방법으로 인정받고 있다. 회수기간법과 회계적 이익률법은 화폐의 시간가치를 고려하지 않기 때문에 이론적인 단점이 있지만 대략적인 평가 방법으로 활용된다.

이 단계에서 투자안의 경제성이 없다고 판단되면 투자안을 기각하고, 경제성이 있다고 판단되면 소요자금을 조달하여 투자안을 수행한다.

(4단계) 투자안에 대한 통제 및 사후관리

마지막 단계는 진행 중인 투자안을 통제하고 사후관리하는 것이다. 즉, 투자안이 계획대로 이루어지고 있는지를 살펴보고, 만약 투자환경이 변화되면 이를 반영하여 자본예산을 수정하는 등 피드백 기능을 수행하게 된다.

기업가치의 극대화를 목적으로 하는 투자안의 경제성분석에 있어서 이상적인 투자가치 평가방법은 다음과 같은 조건을 만족하는 방법이다. 첫째, 여러 투자안 중에서 기업가치를 극대화하는 투자안을 선택할 수 있어야 한다. 둘째, 투자안 평가시 측정된 모든 현금흐름을 적절히 고려해야 한다. 셋째, 화폐의 시간가치를 고려해야 한다. 투자안의 현금흐름에 시간차이가 존재하므로 이를 감안하여 기회자본비용(opportunity cost of capital)으로 현금흐름을 할인하는 과정이 있어야 한다. 넷째, 각 투자안을 다른 투자안과 독립적으로 평가할 수 있어야 한다. 이는 가치합계원칙(value additivity principle)이 성립하는 평가방법이어야 한다는 것을 의미한다.

[그림 4-2]를 통해 자본예산의 일반적인 현금흐름 추이를 살펴보자. 현재 시점에 자산(기계) 구입을 위해 현금이 유출되며, 구입한 자산의 활용을 통해 미래 일정 기간 동안 현금유입이 이루어지는 방식이 일반적이다.

[그림 4-2] 자본예산의 현금흐름 사례

2. 투자안의 종류

투자는 투자안의 상호관계에 따라 독립적 투자와 종속적 투자로 분류할 수 있다.

① 독립적 투자(independent investments): 한 투자안의 현금흐름이 다른 투자안의 현금흐름에 의해 영향을 받지 않는 경우. 즉, 현금흐름의 상관관계가

0인 경우를 말한다. 이 경우 이들 투자안을 각각 별개의 단일투자안으로 보고 투자안을 평가한다.

② 종속적 투자(dependent investments): 한 투자안으로부터의 현금흐름이 다른 투자안의 채택여부에 의해 영향을 받는 투자안으로서, 보완적 또는 대체적 투자, 상호배타적 투자, 완전 종속적 투자를 포함하는 개념이다.

종속적 투자를 세부적으로 살펴보자. 보완적(complement) 관계는 특정 투자안의 채택이 다른 투자안의 현금흐름을 증가시켜 주는 관계를 말한다. 대체적(substitute) 관계는 특정 투자안의 채택이 다른 투자안의 현금흐름을 감소시키는 관계를 말한다.

상호배타적(mutually exclusive) 관계는 투자안들의 성격이 유사하여 한 투자안을 채택하면 다른 투자안은 당연히 기각되어야 한다는 경우를 말한다. 상호 인과적 투자안은 한 투자안이 채택되면 이와 더불어 다른 투자안의 실행이 필연적으로 따르게 되어 있는 투자안을 말한다. 완전 종속적이란 한 투자안이 채택되기 위해서는 다른 관련 투자안(선행조건)이 반드시 먼저 채택되어야 하는 경우를 말한다.

배타적, 종속적인 관계를 선형계획모형의 제약식으로 표현하면 다음과 같다. 투자안 A, B, C, D가 있다고 가정하고, 각 투자안은 0 또는 1의 값을 가진다. 1은 투자한다는, 0은 투자하지 않는다는 의미이다. 예를 들어 'A=1, B=1'은 A, B 투자안을 모두 선택한다는 의미이다. 이 경우 상호배타적 투자안과 완전종속적 투자안은 (식 4.1)과 (식 4.2)로 표시된다.

— 상호배타적인 투자안 A와 B가 있을 경우
$$A + B \leq 1 \quad \quad \text{(식 4.1)}$$
— 투자안 D가 C에 완전종속 되어 있는 경우
$$C - D \geq 0 \quad \quad \text{(식 4.2)}$$

3. 현금흐름의 추정

　현금흐름(CF: cash flow)은 투자로 인하여 발생하는 모든 현금의 움직임을 말하며, 현금유입(cash inflow)에서 현금유출(cash outflow)을 차감한 것을 순현금흐름(net cash flow)이라고 한다.

$$\text{순현금흐름} = \text{현금유입} - \text{현금유출} \quad \text{(식 4.3)}$$

　투자안 평가에 적용되는 현금흐름은 회계상 이익과는 상이한 경제적인 개념으로, 특정투자안의 현금흐름을 추정하는 데 있어 몇 가지 기본적인 원칙이 있다.

　첫째, 회계적 이익이 아닌 현금흐름(cash flow)을 투자안의 경제성분석 시 이용한다. 회계적 이익에는 투자안 평가를 위한 현금흐름과는 무관한 수익·비용(감가상각비, 지급이자 등)이 반영되어 있으므로 기업가치를 결정하는 것은 회계적 이익이 아니라 현금흐름이다.

　둘째, 세후(after-tax) 현금흐름을 기준으로 한다. 기업이 투자의사결정을 하여 영업활동을 수행함에 따라 국가에 법인세 등을 납부한다. 투자자들은 법인세를 납부한 후의 이익을 처분하여 현금유입을 기대할 수 있으므로, 법인세도 영업활동과 관련한 현금유출이 된다.

　셋째, 증분기준(incremental basis)에 입각하여 추정한다. 즉, 총액개념에 입각한 비교보다 차액개념(증분개념)에 입각한 투자안의 경제성분석이 더 유용하다. 현금흐름의 추정에 있어서도 현재 고려하고 있는 투자안으로 인하여 발생하게 될 미래 현금유입과 현금유출만을 고려하도록 한다. 이러한 기준에 따라 순운전자본(net working capital) 지출액과 기회비용(opportunity cost), 잠식비용(erosion cost)은 고려해야 하는 반면 매몰원가(sunk cost)는 현금흐름과 관련이 없는 원가로 고려해서는 안된다.

넷째, 금융비용은 현금흐름 추정에서 제외한다. 타인자본 사용에 대한 이자(interest)비용과 자기자본 사용에 대한 배당금(dividend)과 같은 금융비용은 투자안 평가를 위한 현금흐름 추정에서는 제외한다. 이는 현금흐름을 할인하는 과정에서 할인율인 자본비용에 금융비용이 반영되기 때문이다. 만약 금융비용을 현금유출로 본다면, 할인과정에서 다시 할인이 이루어져 이중계산하는 결과가 되어 버린다. 따라서 자본예산을 위한 현금흐름은 자기자본만으로 구성된 기업을 가정하는 셈이다.

다섯째, 감가상각비(depreciation)는 현금유출이 없는 비용이므로 현금흐름 추정시에는 이를 감안하여야 한다. 설비자산은 구입시 이미 현금유출이 완료되었고, 감가상각비는 원가를 기간별로 배분해 주는 회계적 과정에 불과하므로 감가상각비는 손익계산에는 고려되지만 현금지출을 수반하는 것이 아니다. 단, 감가상각비의 세금절감 효과는 고려하여야 한다.

여섯째, 인플레이션(inflation)은 일관성 있게 고려하여야 한다. 투자로부터 기대되는 현금흐름은 장기간에 걸쳐 화폐가치 변동의 영향을 받으므로 인플레이션의 영향을 고려하여야 한다.

4. 투자안의 경제성 평가

투자안의 경제성을 평가하는 방법으로 4가지(회계적이익률법, 회수기간법, 순현재가치법, 내부수익률법)를 들 수 있다. 이 중 회계적이익률법과 회수기간법은 전통적 분석기법에 속하고, 순현재가치법과 내부수익률법은 화폐의 시간가치를 고려한다는 점에서 현금흐름할인법(DCF법: Discounted Cash Flow method)에 속한다.

(1) 회계적이익률법

고려하고 있는 투자안의 회계적이익률(ARR: Accounting Rate of Return)에 의하여 투자의사결정을 하는 기법으로, 장부가액을 기준으로 한 의사결정기법이다. 회계적이익률은 투자안의 연평균순이익을 연평균투자액으로 나누어 구한 이익률이다. 따라서 이를 평균이익률(ARR: Average Rate of Return)이라고도 하며, 다음과 같이 계산할 수 있다.

$$회계적이익률(평균이익률) = \frac{연평균순이익}{연평균투자액} \times 100\,(\%) \qquad (식\ 4.4)$$

(식 4.4)에서 연평균순이익은 투자안의 내용연수 동안의 회계적 순이익 합계를 내용연수로 나눈 값이며, 연평균투자액은 투자수명 동안 평균투자된 금액을 연단위 기준으로 산출한 것이다. 회계적이익률법은 회계적이익률이 높은 투자안을 우수한 투자안이라고 평가하는 방법이다.

회계적이익률법을 이용할 경우 어떤 기준으로 투자안의 선택여부를 결정할까? 기업은 미리 정해 둔 목표이익률 또는 절사율(cut-off rate)과 산출된 회계적이익률을 비교하여 투자안의 선택여부를 결정한다.

회계적이익률법은 회계상의 자료를 바로 이용할 수 있다는 점에서 간편하고 이해하기 쉽다는 장점을 지닌다. 그러나, 다음과 같은 한계점을 갖고 있어 적절한 투자안 평가법이라고 하기 어렵다. 첫째, 투자안의 가치는 회계적 이익이 아니라 현금흐름에 의해 결정되어야 하나, 회계적이익률법은 현금흐름이 아닌 회계적 이익에 초점을 맞추고 있다. 둘째, 회계적이익률법은 단순한 평균투자액과 평균이익에 의한 이익률에 근거하고 있으므로 화폐의 시간가치를 무시하고 있다. 셋째, 기업이 미리 정해 놓은 목표이익률이 합리적인지 여부가 불확실하다.

(예제 4.1) 대한전자는 취득가액이 450만원인 기계를 구입하려고 한다. 기계는 수명이 3년이고 3년 후 잔존가치는 없다. 3년 동안의 현금흐름과 순이익은 다음과 같다. 이 투자안의 회계적이익률(평균이익률)은 얼마인가?

(단위: 만원)	1년	2년	3년
현금흐름	200	200	200
순이익	42	50	64

⇒ 연평균순이익: $\frac{42+50+64}{3} = 52$만원

연평균투자액: 취득가액과 잔존가치의 평균값 $\frac{450+0}{2} = 225$만원

따라서, 평균이익률 $\frac{52}{225} \times 100(\%) = 23\%$

(2) 회수기간법

투자에 소요된 투자액을 현금으로 회수하는 데 걸리는 기간을 구하여 투자의사결정을 하는 기법이다. 회수기간(payback period)이란 특정 투자로 인한 미래의 현금유입이 최초의 투자액을 회수하는 데 소요되는 기간으로서 자본회수기간이라고도 하며, 다음과 같이 계산된다.

$$회수기간 = \frac{순투자액}{연간현금유입액} \quad \quad (식\ 4.5)$$

회수기간법으로 투자안을 평가할 경우, 기업은 회수기간이 짧은 투자안을 선호한다. 또한, 기업이 최대로 허용가능한 회수기간을 정하고 그것과 고려중인 투자안에서 계산된 회수기간을 비교하여 투자안을 선택한다.

회수기간은 이해하기 쉽고 계산이 간편하다는 점에서 투자안 평가시 시간과 비용을 절약할 수 있다는 장점을 가지고 있다. 그러나, 다음과 같은 한계점을 가지고 있다.

첫째, 회수기간 이후의 현금흐름을 무시하고 있다. 투자안의 평가에 있어서는 투자로 인한 모든 현금흐름을 고려하여야 한다. 그러나 회수기간은 최초의 투자액이 회수되는 기간에만 관심을 갖고 회수기간 이후의 현금흐름 정도에 대해서는 고려하지 않는다. 둘째, 화폐의 시간적 가치를 무시하고 있다. 투자의 미래성과가 실현되는 시기가 다른 경우 투자안 평가에서 중요한 영향을 미침에도 불구하고, 회수시간법은 투자액의 회수기간만을 단순히 계산하여 검토한다. 셋째, 기업이 투자안 평가를 위하여 정한 최대허용가능 회수기간이 합리적인지 여부가 불분명하다.

(예제 4.2) 다음의 현금흐름을 가지는 투자안이 있다. 회수기간법에 따라 선택할 투자안을 결정하고, 이 결과에서 보여주는 회수기간법의 한계점을 설명하라.

(단위: 만원)	0	1	2	3	4년
A투자안	-1,000	800	100	100	900
B투자안	-1,000	400	600	0	0

⇒ A투자안 회수기간: 3년, B투자안 회수기간: 2년

따라서 회수기간이 짧은 B투자안 선택

회수기간 이후의 현금흐름을 살펴볼 때, A투자안이 B투자안보다 우수하다. 회수기간법은 단순히 투자안의 회수기간만을 비교할 뿐, 회수기간 이후의 현금흐름을 무시한 방법임을 알 수 있다.

(3) 순현재가치법(NPV법: Net Present Value)

순현재가치는 투자로 인한 미래 현금흐름을 적절한 할인율로 할인한 현재가치에서 투자액의 현재가치를 차감한 금액을 말한다. 즉, 투자로 인해 발생하는 모든 현금흐름의 현재가치의 합을 순현재가치라 하고, 순현가를 이용해 투자 의사결정을 하는 방법이 순현재가치법(NPV법)이다. 순현재가치는 다음과 같이 계산된다.

$$NPV = \sum_{t=1}^{n} \frac{C_t}{(1+k)^t} - C_0 \qquad \text{(식 4.6)}$$

C_t는 t시점의 현금흐름(순현금유입), k는 자본비용(할인율), C_0는 투자안을 수행하기 위해 현재시점에서 지출하는 투자비용을 의미한다.

NPV법에서의 선택 기준은 투자안의 순현재가치가 0보다 크면 투자안을 채택하고, 0보다 작으면 투자안을 기각한다는 것이다. 여러 투자안 중에서 하나를 선택해야 한다면 순현재가치가 가장 큰 것을 선택하면 된다. NPV가 0보다 크다는 것은 투자안을 선택할 경우 현재가치 기준으로 기업가치를 증대시킨다는 것을 의미한다.

NPV법은 회수기간 이후의 현금흐름(모든 현금흐름)을 감안하고, 화폐의 시간가치를 고려하고 있으므로 회수기간법에서 등장한 문제점을 해결하고 있다.

(예제 4.3) 가격이 450만원인 기계를 구입하려고 한다. 이 기계를 구입하면 향후 3년 동안 매년 190만원씩의 영업현금흐름이 예상된다. 할인율은 연 10%라고 가정한다. 이 투자안의 순현재가치를 구하고, 투자여부를 판단하라.

⇒ 이 투자안에 대한 현금흐름은 다음과 같이 표시할 수 있다.

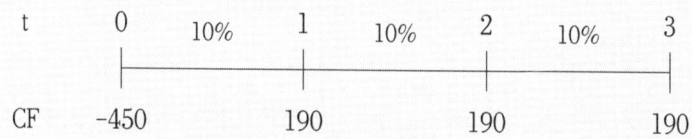

할인율이 3년 동안 연 10%로 일정하므로 순현재가치는 다음과 같이 계산할 수 있다.

$$\text{NPV} = -450 + \frac{190}{1.1} + \frac{190}{1.1^2} + \frac{190}{1.1^3} = 22.5 \text{(만원)}$$

NPV > 0 이므로 기계를 구입하는 것이 유리하다.

(4) 내부수익률법(IRR법: Internal Rate of Return)

내부수익률은 투자로부터 기대되는 현금유입의 현재가치와 현금유출의 현재가치를 같게 하는 할인율을 말한다. 내부수익률은 투자안에서 벌어들이는 연평균수익률을 말한다.

단일기간 투자안의 내부수익률 계산은 간단하다. 예를 들어, 어떤 투자안을 수행하는데 현재시점에서 100이 지출되고 내년에 110이 유입된다면 내부수익률은 10%이다. 만약 내년 유입액이 115라면 내부수익률은 15%가 된다.

다기간 투자안의 내부수익률(IRR) 계산은 NPV가 0이 되는 할인율을 구하는 것과 같다. 따라서 내부수익률은 (식 4.7)에서 구할 수 있다.

$$NPV = -C_0 + \sum_{i=1}^{n} \frac{C_t}{(1+IRR)^t} = 0 \qquad (식\ 4.7)$$

앞의 사례에서 1년 후 110이 할인율 10%에서는 현재가치가 100이고, 1년 후 115를 15%에서 현재가치를 구하면 100이 된다. 여기서 현재가치 100은 투자비용과 같은 금액이므로, 왜 NPV가 0이 되는 할인율을 내부수익률이라고 하는지 이유를 알 수 있다.

이렇게 구한 내부수익률이 자본비용보다 크다면, 그 투자안은 경제성이 있는 것이다. 그런데 투자안의 현재가치를 구하는 할인율이 곧 자본비용이기 때문에 내부수익률이 자본비용보다 크다면 순현재가치는 0보다 크게 된다. 따라서 어떤 투자안이 순현재가치법에 의해서 경제성이 있다고 판단되면 이는 내부수익률법에 의해서도 경제성이 있다고 판단할 수 있게 된다.

IRR법도 NPV법과 마찬가지로 회수기간법의 단점을 보완하여 회수기간 이후의 현금흐름(모든 현금흐름)을 고려하고, 화폐의 시간가치를 고려한다는 장점을 가지고 있다.

(예제 4.4) 가격이 450만원인 기계를 구입하려고 한다. 이 기계를 구입하면 향후 3년 동안 매년 190만원씩의 영업현금흐름이 예상된다.

(1) 이 투자안의 내부수익률을 산출하라.

(2) 투자자금 450만원을 10%의 이자율로 조달해야 한다면 이 투자안을 채택할 것인가?

(풀이)

(1) 투자안의 내부수익률을 산출하려면 다음과 같이 NPV가 0이 되는 식을 세울 수 있다.

$$NPV = -450 + \frac{190}{(1+IRR)} + \frac{190}{(1+IRR)^2} \frac{190}{(1+IRR)^3} = 0$$

여기서 IRR≒13%를 구할 수 있다. 즉, 현재 450만원을 주고 기계를 구입해서 매년 200만원씩 3년 동안 받게 되면 3년간 평균수익률이 연 13% 정도 된다는 것이다.

(2) 자금 조달 시 부담하는 이자율은 10%이지만 투자안에서 얻게 되는 수익률은 이보다 높은 13%이므로 투자안을 채택한다. 만약 12% 이자율수준에서 순현가를 구하면 다음과 같이 0보다 큰 것을 확인할 수 있다.

$$NPV = -450 + \frac{190}{(1+0.12)} + \frac{190}{(1+0.12)^2} \frac{190}{(1+0.12)^3} = 6.3 > 0$$

5. 순현재가치법과 내부수익률법 비교

　투자안 평가방법으로 NPV법과 IRR법은 모든 현금흐름과 화폐의 시간가치를 고려한다는 점에서는 동일한 성격을 가지고 있지만, 다음과 같은 이유에서 NPV법이 IRR법보다 우위에 있다고 할 수 있다.

　첫째, 재투자수익률이 현실적이다. NPV법에서는 투자로부터 발생하는 현금흐름이 남은 기간에 자본비용으로 재투자된다고 가정하는데 비해, IRR법에서는 내부수익률로 재투자된다고 가정한다. 일반적으로 투자기회를 확대해 나갈수록 한계수익률은 체감하므로 미래에도 현재처럼 유리한 투자기회가 계속 존재한다는 가정은 비현실적이며, 자본비용으로 재투자된다고 가정하는 NPV법이 보다 현실적이다.

　둘째, 가치의 가산(합계)원칙을 적용할 수 있다. 수익률(%)로 계산되는 내부수익률은 가치의 가산원칙을 적용할 수 없지만, 순현재가치는 금액(₩)으로 계산되므로 가치의 가산원칙이 적용가능하다. 따라서 상호 독립적인 복수의 투자안평가시 결합분석이 용이하다.

　셋째, 계산이 간편하다. NPV법은 현금흐름과 자본비용만 주어지면 간단하고 정확하게 순현가를 구할 수 있지만, IRR법은 계산이 복잡할 뿐만 아니라, 현금흐름의 양상에 따라 복수의 내부수익률이 존재하거나 내부수익률이 아예 없는 경우도 있다.

　넷째, 자본비용(할인율)이 변동되어도 적용이 용이하다. 실제 기업의 자본비용(할인율)은 시간 경과에 따라 변화하기 때문에 내부수익률법의 경우 산출된 IRR과 비교할 자본비용의 결정이 어렵다. 그러나 NPV법은 각 현금흐름에 대한 변화된 할인율(자본비용)을 적용하여 순현재가치를 구할 수 있다.

에듀컨텐츠·휴피아
CH Educontents Huepia

제5장. 포트폴리오 이론

(주요 내용)

○ 포트폴리오와 위험의 개념

○ 투자안 선택 기준: 기대수익률, 위험
  - 개별 자산 → 여러 자산

○ 지배원리

○ 포트폴리오의 분산투자효과

1. 포트폴리오와 위험

포트폴리오(portfolio)란 두 가지 이상 자산의 조합(combinations of two or more assets)을 뜻하며, 하나의 자산에만 투자하지 않고 둘 이상의 자산에 분산투자하는 것을 말한다. 포트폴리오이론은 1952년 마코위츠(Markowitz)에 의해서 도입되었는데, 이후 수익률과 위험에 대한 체계적 연구가 이루어졌다. 포트폴리오이론에서는 개별자산에 대한 투자결정 문제에서 시작하여 여러 자산들로 구성된 포트폴리오에 대한 투자결정 문제까지 그 영역을 확장시켜 나간다.

포트폴리오이론은 불확실성 하에서 투자자가 위험자산(주로 주식) 투자를 어떻게 전개하는가를 설명하고 있다. 이를 위해 ① 위험(risk)의 의미를 먼저 이해하고, ② 투자주체가 되는 투자자의 무차별곡선을 살펴보며, ③ 투자대상이 되는 주식(포트폴리오)의 투자기회집합에 대해 살펴본다. ④ 마지막으로 무차별곡선과 투자기회집합을 연결시켜 어떻게 최적투자가 결정되는가를 설명하도록 한다.

지금 시점에서 100만원의 자금을 가지고 은행의 1년 만기 정기예금(연 이자율 5%)에 가입한다면 1년 후 105만원을 받는 것은 확실하다. 이러한 상황을 확실성(certainty)이라고 한다.

그러나 앞으로 다룰 내용은 불확실성(uncertainty)과 위험자산을 전제로 한다. 불확실성은 위험(risk)이라고 한다. 지금 100만원을 가지고 대한전자 주식을 주당 5만원씩 20주 매수했다고 가정하자. 1년 후 대한전자 주식 주가가 얼마가 될지 불확실하다. 주가는 오를 수도 떨어질 수도 있기 때문이다. 다만, 미래수익을 확정금액으로 알 수는 없지만 30%의 확률로 110만원을, 70%의 확률로 120만원을 받는다는 형태의 정보는 알 수 있는 상황을 의미한다.

이러한 상황에서 100만원을 투자했을 때 미래 투자수익은 〈표 5-1〉과 같이 나타낼 수 있는데 이를 확률분포(probability distribution)라고 한다. 그리고 미래수익은 미래상황이 호황이냐 불황이냐에 따라 값이 달라지는데 이를 확률변수(random variable)라고 한다.

<표 5-1> 확률분포의 예

미래경기	발생확률	투자수익
불황	$\frac{3}{10}$ (=30%)	110
호황	$\frac{7}{10}$ (=70%)	120

위험(risk)는 미래 자산가격의 불확실성, 변동성을 의미한다. 따라서 미래 자산가격의 불확실성이 클수록 위험이 높다고 말할 수 있다. <표 5-2>에서 A자산과 B자산 중 어느 자산이 더 위험할까? 미래 자산가격의 불확실성(변동폭)이 더 큰 B자산이 더 위험하다고 할 수 있다.

<표 5-2> 자산별 위험수준 비교

미래경기	발생확률	A자산	B자산
불황	$\frac{3}{10}$ (=30%)	110	90
호황	$\frac{7}{10}$ (=70%)	120	140

2. 개별주식의 기대수익률과 위험

여러 투자대상 중 어떤 투자안을 선택할 것인가는 기대수익률($E(R)$)과 위험(σ)이라는 두 가지 기준을 고려하여 결정하게 된다. 우선 개별주식의 기대수익률과 위험을 측정하고, 투자자의 효용수준을 가장 높일 수 있는 투자결정 원리를 살펴본다. 그 다음으로 포트폴리오의 기대수익률과 위험을 측정하고, 역시 투자자의 효용수준을 가장 높일 수 있는 투자결정 원리를 살펴보도록 하자.

(1) 기대수익률

주식수익률이란 주식을 보유하여 얻게 되는 수익률이다. 주식을 보유할 경우 주가상승과 배당으로 이익을 얻게 된다. 어떤 주식을 P_0에 취득하였는데 1기 후에 주가는 P_1이 되고 배당은 D_1만큼 받았다면 주식수익률 R은 다음 식으로 계산할 수 있다.

$$R = \frac{(P_1 - P_0) + D_1}{P_0} \qquad (식\ 5.1)$$

그런데 (식 5.1)로 구한 주식수익률은 1기 후에 실제로 발생한 실현수익률로써, 기초시점에는 그 값을 알 수 없다. 따라서 1기 후에 나타날 수 있는 상황별 주식수익률(R)과 발생확률(p)을 대응시켜서 평균값(기대값)을 구할 수 있는데, 이를 기대수익률(expected return)이라고 한다. 어떤 주식의 기대수익률 $E(R)$은 다음과 같이 측정한다.

$$E(R) = p_1 \times R_1 + p_2 \times R_2 + \cdots + p_n \times R_n \qquad (식\ 5.2)$$

(예제 5.1) 현재 대한전자 주가는 10,000원이다. 1년 후 주가와 배당에 대한 전망이 다음과 같은 확률분포로 파악되었다. 대한전자의 기대수익률은 얼마인가?

상황	발생확률	주가	배당
호황	1/2	11,600원	400원
불황	1/2	11,000원	0원

(풀이)

호황일 때 주식수익률은 $R = \dfrac{(11,600-10,000)+400}{10,000} = 0.2(20\%)$

불황일 때 주식수익률은 $R = \dfrac{(11,000-10,000)+0}{10,000} = 0.1(10\%)$

이 경우, 주식수익률의 확률분포는 다음과 같이 작성할 수 있다.

발생확률	주식수익률
1/2	0.2
1/2	0.1

(식 5.2)를 이용해 대한전자의 기대수익률을 구하면 15%가 된다.

$$E(R) = \sum p_i R_i = 1/2 \times 0.2 + 1/2 \times 0.1 = 0.15(15\%)$$

(2) 위험

주식수익률의 위험은 실제수익률이 평균값에서 얼마나 멀리 나타날 수 있는가를 의미한다. 이를 나타내기 위해 분산(σ^2) 또는 표준편차(σ)를 이용한다. 분산(σ^2)을 구하는 식은 다음과 같다.

$$\sigma^2 = \sum p_i [R_i - E(R_i)]^2 \qquad \text{(식 5.3)}$$

분산(variance)이란 개별적으로 나타날 수 있는 실제수익률 R과 기대수익률 E(R)과의 차이를 각 발생확률과 대응시켜 구한다. 이 때 주식수익률과 기대수익률의 차이, $[R_i - E(R_i)]$를 편차(deviation)라고 한다. 분산은 편차를 제곱하고 각 확률을 곱하여 더한 값이다.

(예제 5.2) 현재 대한전자 주식수익률의 확률분포는 다음과 같다.

발생확률	주식수익률
1/2	0.2
1/2	0.1

이 주식의 위험을 분산과 표준편차로 측정하라.

(풀이)
기대수익률: $E(R) = \sum p_i R_i$ = 1/2×0.2+1/2×0.1=0.15(15%)
그러면 개별적 주식수익률과 기대수익률과의 편차를 구할 수 있다.

발생확률	편차(=주식수익률-기대수익률)
1/2	0.2-0.15=0.05(5%)
1/2	0.1-0.15=-0.05(-5%)

분산을 구하기 위해 편차의 제곱에 해당 확률을 곱해서 더한다.
$$\sigma^2 = \sum p_i[R_i - E(R_i)]^2 = 1/2 \times 5^2 + 1/2 \times (-5)^2 = 25\%^2$$
표준편차는 $\sigma = \sqrt{25} = 5\%$

지금까지 투자대상이 되는 주식의 특성을 기대수익률(평균)과 위험(분산)으로 측정하였다. 또한 투자자들의 효용수준도 동일한 두 가지 특성에 의해 결정되기 때문에 이를 기준으로 주식을 선택하게 되는데 이를 평균-분산기준

(mean-variance criterion)이라고 한다. 평균-분산기준에 따르면 투자자들은 기대수익률이 같으면 위험이 작은 주식을 선택하고, 위험이 같으면 기대수익률이 높은 주식을 선택하게 된다. 이를 지배원리(dominance principle)라고 한다. 그런데 이러한 지배관계가 성립하지 않는 상황에서는 어떤 기준으로 주식을 선택하게 될까?

	주식A	주식B
기대수익률	15%	20%
표준편차	5%	10%

주식 A와 B는 기대수익률과 표준편차가 모두 다른데, 이를 [그림 5-1]과 같이 기대수익률-위험의 평면에 나타낼 수 있다. 이 경우 투자자는 효용을 극대화할 수 있는 주식을 선택한다. 무차별곡선이 그림(a)와 같이 생긴 투자자라면 주식 A를 무차별곡선이 그림(b)와 같이 생긴 투자자라면 주식 B를 선택할 것이다. 즉, 지배관계가 성립하지 않는 상황에서는 투자자의 무차별곡선이 나타내는 효용이 가장 크게 되도록 주식을 선택한다.

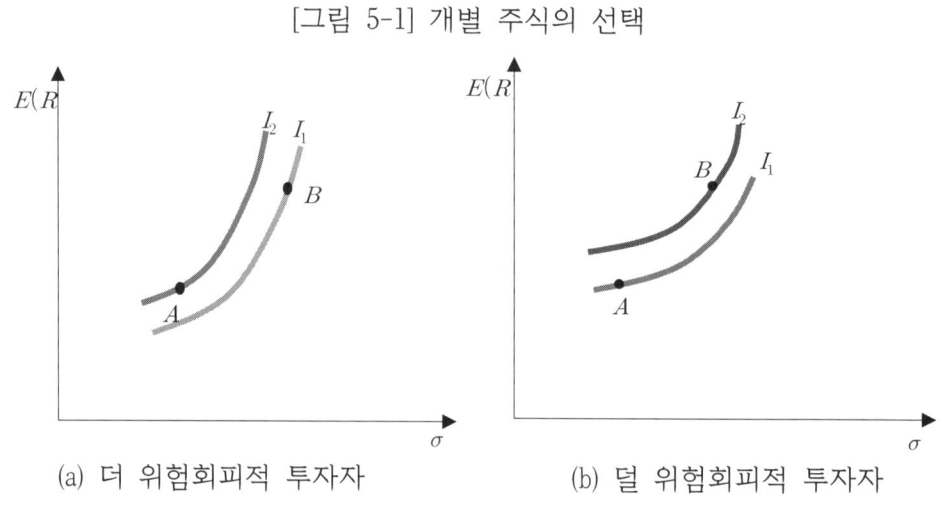

[그림 5-1] 개별 주식의 선택

(a) 더 위험회피적 투자자   (b) 덜 위험회피적 투자자

3. 두 주식으로 구성된 포트폴리오

포트폴리오의 투자결정 문제를 살펴보기 위해 가장 간단한 형태인 두 종목의 주식으로 포트폴리오를 구성할 때에 기대수익률과 위험을 측정하는 방법을 설명한다. 이를 바탕으로 투자자가 효용수준을 가장 높일 수 있는 투자방법을 살펴보도록 한다.

(1) 기대수익률

A주식과 B주식에 w_A, w_B의 비율로 투자한 포트폴리오가 있다고 하자. w_A는 전체투자액 중 A주식에 투자한 비율이고, w_B는 B주식에 투자한 비율로서 그 합계는 1이 된다. 이렇게 투자한 포트폴리오의 기대수익률 $E(R_p)$는 각 주식의 기대수익률에 투자비율을 곱한 값을 더하여 계산한다.

$$E(R_p) = w_A E(R_A) + w_B E(R_B) \qquad \text{(식 5.4)}$$

(2) 위험

[그림 5-2] 두 개의 주식으로 구성된 포트폴리오의 위험(분산)

$w_A^2 \sigma_A^2$	$w_A w_B \sigma_{AB}$
$w_B w_A \sigma_{BA}$	$w_B^2 \sigma_B^2$

두 개의 주식으로 구성한 포트폴리오의 위험(분산)은 [그림 5-2]와 같은 구조를 가지며, 산술적으로 다음의 식으로 산출된다. 두 식에서 등장하는 공분산(σ_{AB})이나 상관계수(ρ_{AB})는 두 주식의 가격이 어떤 관계를 갖고 변동하는가에 의해 결정되는 값이다.

$$\begin{aligned}\sigma_p^2 &= w_A^2 \sigma_A^2 + w_B^2 \sigma_B^2 + 2w_A w_B \sigma_{AB} \\ &= w_A^2 \sigma_A^2 + w_B^2 \sigma_B^2 + 2w_A w_B \rho_{AB} \sigma_A \sigma_B \end{aligned} \quad \text{(식 5.5)}$$

공분산과 상관계수는 두 개 확률변수가 어느 정도로 함께 움직이는가를 측정하는 지표이다. 공분산(covariance)은 다음 식으로 계산한다. 즉, 공분산이란 두 변수의 편차곱에 각각의 발생확률을 곱하여 더한 값이라는 것을 알 수 있다.

$$\sigma_{AB} = Cov(R_A, R_B) = \sum p_i [R_A - E(R_A)][R_B - E(R_B)] \quad \text{(식 5.6)}$$

A값이 커질 때 B값도 함께 커진다면 두 편차가 모두 양의 값을 가지므로 편차의 곱도 양의 값을 가진다. 또, A값이 작아질 때 B값도 함께 작아진다면 두 편차가 모두 음의 값을 가지므로 두 편차의 곱은 역시 양의 값을 가진다.

즉, A와 B와 같은 방향으로 움직이면 두 편차의 곱은 양의 값을 갖고 공분산도 양의 값을 가진다. 그러나 A와 B가 반대 방향으로 움직이면 편차의 곱은 음수가 되고 공분산도 음의 값을 갖게 된다. 〈표 5-3〉은 이런 내용을 요약한 것이다.

〈표 5-3〉 A, B의 수익률 변화방향에 따른 공분산 부호

A와 B의 방향	A의 편차	B의 편차	두 편차의 곱	공분산
A상승, B상승	+	+	+	+
A하락, B하락	-	-		
A상승, B하락	+	-	-	-
A하락, B상승	-	+		

공분산의 부호를 보면 A와 B의 변동이 어떤 관계에 있는지 알 수 있다. 그런데 공분산은 변수를 측정하는 단위에 따라 크기가 달라지는 문제점이 있다. 이러한 문제점을 해결하기 위해 공분산을 각 변수의 표준편차의 곱으로 나누어 표준화시킨 값을 이용한다. 이 값을 상관계수(correlation coefficient)라고 한다.

$$\sigma_{AB} = \rho_{AB}\sigma_A\sigma_B \rightarrow \rho_{AB} = \frac{\sigma_{AB}}{\sigma_A\sigma_B} \qquad (식\ 5.7)$$

이렇게 표준화시킨 상관계수 ρ_{AB}는 $-1 \leq \rho_{AB} \leq +1$의 범위에 존재한다. 상관계수가 -1에 가까우면 A와 B는 거의 반대방향으로 움직이는 것이고, +1에 가까우면 거의 같은 방향으로 움직이는 것이다. 0에 가까운 상관계수는 A와 B의 변동방향이 관계가 없다는 것을 의미한다.

두 주식으로 구성된 포트폴리오에서 각 주식의 기대수익률과 표준편차를

알고 있을 때, 투자비중 w_A, w_B를 다르게 하면 포트폴리오의 기대수익률과 표준편차는 어떤 관계를 보일까?

이들의 관계는 두 주식수익률의 상관관계에 따라서 다른 형태를 보인다. 두 주식수익률의 상관계수가 $\rho=+1$, $\rho=0$, $\rho=-1$인 경우를 살펴보자.

1) 상관계수 $\rho=+1$일 때

포트폴리오의 기대수익률과 분산 및 표준편차는 다음과 같다.

$$E(R_p) = w_A E(R_A) + w_B E(R_B)$$

$$\sigma_p^2 = w_A^2 \sigma_A^2 + w_B^2 \sigma_B^2 + 2w_A w_B \rho_{AB} \sigma_A \sigma_B$$

$$= w_A^2 \sigma_A^2 + w_B^2 \sigma_B^2 + 2w_A w_B \sigma_A \sigma_B \quad (\because \rho=+1)$$

$$\sigma_p = \sqrt{(w_A \sigma_A + w_B \sigma_B)^2} = w_A \sigma_A + w_B \sigma_B \qquad \text{(식 5.8)}$$

이 표준편차는 개별주식의 표준편차를 투자비율로 가중평균한 값과 같다.

2) 상관계수 $\rho=0$일 때

포트폴리오의 기대수익률과 분산 및 표준편차는 다음과 같다.

$$E(R_p) = w_A E(R_A) + w_B E(R_B)$$

$$\sigma_p^2 = w_A^2 \sigma_A^2 + w_B^2 \sigma_B^2 + 2w_A w_B \rho_{AB} \sigma_A \sigma_B$$

$$= w_A^2 \sigma_A^2 + w_B^2 \sigma_B^2 \qquad (\because \rho=0)$$

$$\sigma_p = \sqrt{w_A^2 \sigma_A^2 + w_B^2 \sigma_B^2} \qquad \text{(식 5.9)}$$

표준편차는 $\rho=+1$일 때의 값보다 더 작은 값을 갖는다. 왜냐하면 $\sqrt{w_A^2 \sigma_A^2 + w_B^2 \sigma_B^2} < w_A \sigma_A + w_B \sigma_B$이기 때문이다. 이 결과를 $\rho=+1$일 때와 비교

해보면 기대수익률은 똑같은데 위험은 더 작다는 의미이다.

3) 상관계수 $\rho=-1$일 때

포트폴리오의 기대수익률과 분산 및 표준편차는 다음과 같다.

$$E(R_p) = w_A E(R_A) + w_B E(R_B)$$
$$\sigma_p^2 = w_A^2 \sigma_A^2 + w_B^2 \sigma_B^2 + 2w_A w_B \rho_{AB} \sigma_A \sigma_B$$
$$= w_A^2 \sigma_A^2 + w_B^2 \sigma_B^2 - 2w_A w_B \sigma_A \sigma_B \quad (\because \rho=-1)$$
$$\sigma_p = \sqrt{(w_A \sigma_A + w_B \sigma_B)^2} = |w_A \sigma_A + w_B \sigma_B| \qquad \text{(식 5.10)}$$

그런데 상관계수가 -1일 때에는 각 주식에 대한 투자비율을 $\dfrac{w_A}{w_B} = \dfrac{\sigma_B}{\sigma_A}$가 되도록 조정하면 $w_A \sigma_A = w_B \sigma_B$가 되어 포트폴리오의 위험을 0으로 만들 수 있다. 따라서 이 포트폴리오는 〈그림 5-5〉에서 보듯이 위험이 0인 Y축을 지나게 된다.

그림에서 보듯이 상관계수가 -1인 경우 포트폴리오의 표준편차도 개별주식의 표준편차를 투자비율로 가중평균한 값보다 작다는 것을 알 수 있다.

각 경우에 해당하는 기대수익률과 표준편차의 관계는 [그림 5-3]에서 확인할 수 있다. 그런데 대부분의 주식들이 $-1<\rho<1$ 사이에 존재하는 것이 일반적이다. 따라서 분석대상이 되는 투자안들은 그림에서 색칠된 부분에 포함된다.

[그림 5-3] 여러 주식으로 구성된 포트폴리오

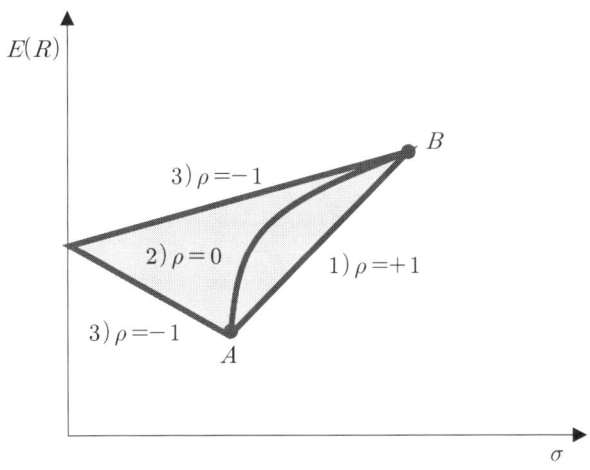

두 주식으로 포트폴리오를 구성하면 기대수익률은 두 주식의 기대수익률을 가중평균한 값과 같다. 그러나 포트폴리오의 표준편차는 두 주식의 표준편차를 가중평균한 값보다 작아지는 것이 일반적이다. 이러한 효과를 포트폴리오 효과(portfolio effect), 분산투자효과(diversification effect)라고 한다.

이러한 효과를 반영해서 A, B 주식과 두 주식으로 구성한 포트폴리오를 [그림 5-4]와 같이 나타낼 수 있다. 여기에 어떤 투자자의 효용수준을 무차별곡선으로 함께 표시해보자. 이 투자자에게는 B주식보다 A주식을 선택하는 것이 효용이 더 크다. A주식을 선택한 경우의 효용수준 I_2가 B주식을 선택한 경우의 효용수준 I_1보다 더 높기 때문이다. 그런데 A, B 주식에 동시에 투자하여 포트폴리오를 구성할 수 있다면 효용을 더 크게 할 수 있다. 구성할 수 있는 여러 포트폴리오 중에서 AB점에 투자하면 가장 높은 효용수준 I_3을 누릴 수 있다. 그래서 AB점이 투자자의 최선의 선택점이 되는데 이를 최적포트폴리오(optimal portfolio)라고 한다.

[그림 5-4] 다수 주식으로 구성된 포트폴리오

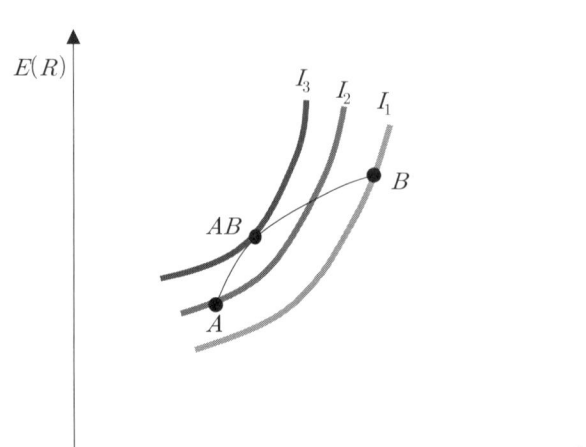

4. 다수 주식으로 구성된 포트폴리오

대부분의 주식은 경기변동에 대해 같은 방향으로 영향을 받기 때문에 이들 간의 상관계수는 대개 0과 1사이의 값을 갖는다. 그렇기 때문에 두 주식으로 구성된 포트폴리오 집합은 [그림 5-3]의 색칠된 부분에 곡선으로 나타난다.

그런데 현실적으로 증권시장에서는 매우 많은 종목의 주식들이 존재한다. 이들로 구성할 수 있는 포트폴리오 집합은 좀 더 복잡하지만 기본적으로 두 주식으로 포트폴리오를 구성하는 것과 동일한 구조를 갖는다.

[그림 5-5]는 다수 주식으로 구성할 수 있는 포트폴리오 집합을 나타낸 것이다. 먼저 A, B, C라는 세 개의 주식으로 구성할 수 있는 포트폴리오는 AB, BC, AC, ABC 등으로 다양하게 나타난다. 이외에 더 많은 종목에 투자할 수 있는 가능성까지 고려하면 구성할 수 있는 포트폴리오 집합은 최종적으로

WXYZ로 연결되는 선의 안쪽 영역에 나타나게 된다.

[그림 5-5] 다수 주식으로 구성된 포트폴리오

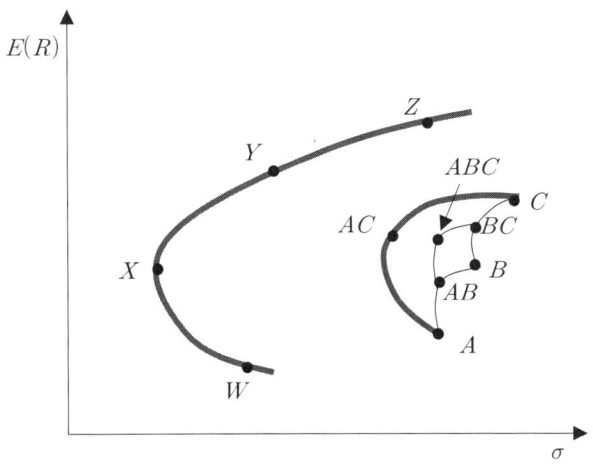

최종적으로 투자가능한 포트폴리오집합은 WXYZ로 연결되는 선의 안쪽 영역인데, 이를 대상으로 지배원리를 적용해보자. 지배원리란 평균-분산기준에 따라서 기대수익률이 동일할 때는 위험에 작은 것을 선택하고, 위험이 동일하면 기대수익률이 큰 투자안을 선택한다.

[그림 5-6]에서 X는 기대수익률이 동일하시만 위험이 더 큰 U와 V를 지배한다. 그리고 Y는 위험이 동일하지만 기대수익률이 더 작은 U와 W를 지배한다. 같은 논리로 Z는 V를 지배한다.

분석대상이 되는 투자가능영역 전체에 대해서 지배원리를 충족시키는 포트폴리오 집합을 마코위츠의 효율적 투자선(efficient frontier)이라고 한다. [그림 5-6]에서는 점X에서 시작하여 Y, Z를 통과하는 선으로 나타낸 것이 효율적 투자선에 해당한다.

[그림 5-6] 지배원리와 효율적 투자선

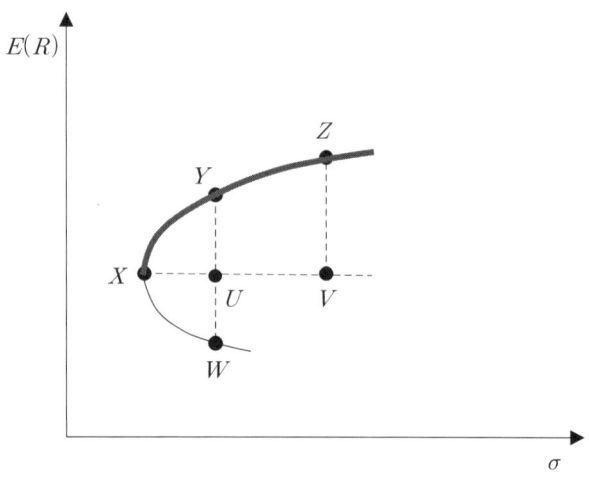

효율적 투자선 상의 X, Y, Z 사이에는 지배원리가 적용되지 않는다. 이들 중 어떤 것이 선택되는가 하는 것은 투자자의 무차별곡선의 형태에 따라서 달라진다.

일단 효율적 투자선이 파악되면 투자자들은 자신의 무차별곡선과 효율적 투자선이 접하는 점의 투자안을 선택함으로써 효용을 가장 크게 할 수 있다. [그림 5-7]의 점Y가 투자자의 효용을 최대화하는 최적포트폴리오가 된다.

[그림 5-7] 다수 주식으로 구성된 포트폴리오의 선택

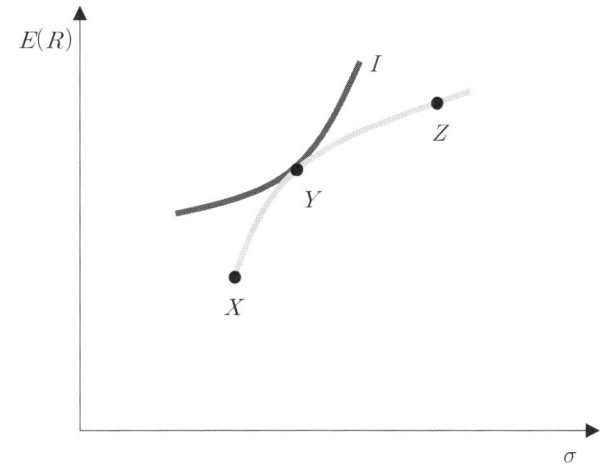

 지금까지 ① 개별주식에 투자할 경우, ② 두 주식 포트폴리오에 투자할 경우, ③ 다수 주식 포트폴리오에 투자할 경우의 효용수준을 구해보았다. 마지막으로 이 세 가지를 함께 비교해보자. 일단 A와 B 중에서 하나를 선택해야 한다면 더 높은 효용을 주는 A를 선택한다. 그리고 단일주식 A에 투자하는 것보다 A와 B로 구성된 포트폴리오 AB에 투자하는 경우에 무차별곡선이 더 위에 있으므로 효용이 더 크다고 할 수 있다. 같은 논리로 시장의 다수 주식들로 구성된 포드폴리오 Y에 투자할 경우 효용수준을 나타내는 무차별곡선 I_4는 AB에 투자할 경우의 무차별곡선 I_3보다 더 높게 있으므로 효용이 더 크다는 것을 알 수 있다. 따라서 포트폴리오 Y가 최적포트폴리오가 된다. 또한, 투자대상이 많아질수록 투자자의 효용은 더 증가한다는 결론을 함께 얻을 수 있다.

[그림 5-8] 효용수준의 비교

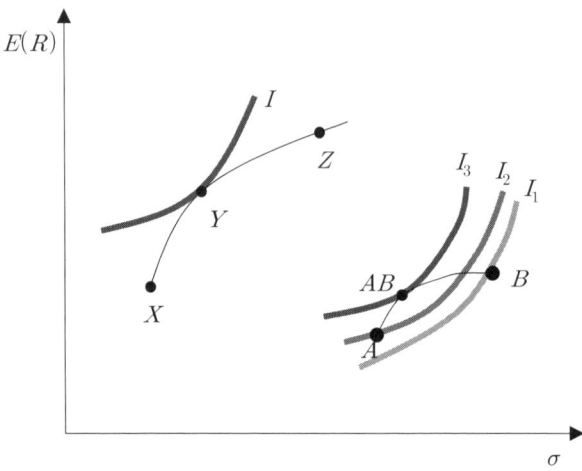

제6장. 자본자산가격결정모형

(주요 내용)

○ 자본자산가격결정모형(CAPM)과 무위험자산(R_f)

○ 자본시장선(CML)

○ 시장포트폴리오

○ 위험의 종류: 체계적 위험 vs. 비체계적 위험

○ 증권시장선(SML)

1. 자본자산가격결정모형과 무위험자산

마코위츠모형은 투자자들의 포트폴리오 분석을 위한 기초로서, 일정한 가정 하에 투자자들이 어떻게 행동하여야 하는가를 보여준 이론이다. 이에 대해 시장이 균형상태에 있을 때 자본자산이 어떻게 평가되는가를 설명하는 실증적 이론으로 제시된 것이 자본자산가격결정모형(CAPM: Capital Asset Pricing Model)이다. 자본자산(capital asset)은 투자자가 미래 수익을 얻을 수 있는 권리를 갖는 자산으로, 주식·채권 등의 유가증권을 뜻한다.

CAPM에 의하면 모든 위험자산의 균형수익률은 시장포트폴리오에 대한 공분산의 함수이다. 또한 자본자산의 가격은 할인율과 반비례 관계이기 때문에 자본자산의 가격이 결정된다는 의미는 기대수익률(할인율)이 결정된다는 의미이기도 하다.

CAPM의 전개를 위해서는 이성적인 투자자, 평균-분산기준, 동질적 미래예측, 단일기간, 완전경쟁 자본시장 등의 가정이 필요하다. 이는 마코위츠의 포트폴리오 이론의 가정에서도 동일하게 등장했던 내용들인데, 포트폴리오이론과 CAPM의 가장 큰 차이를 보여주는 것으로, CAPM에서는 무위험자산의 존재를 고려한다. 즉, 시장에는 무위험자산(R_f: risk-free asset)이 존재하며, 모든 투자자들은 무위험이자율로 차입 또는 대출이 가능하다고 가정하고 CAPM을 전개한다.

무위험자산은 은행예금, 국공채 등 위험이 없는 자산을 의미한다.

2. 자본시장선

자본시장선(CML: Capital Market Line)을 정의하면 무위험자산이 존재할 때의 효율적 투자선이라고 할 수 있다. 포트폴리오이론에서 효율적 투자선은 주식과 같은 위험자산만을 투자대상으로 한 것이었다. 그러나 실제로는 정기예금이나 국공채같이 미래수익이 확정된 무위험자산에도 투자할 수 있다. 따라서 무위험자산까지 투자대상에 포함시키는 것이 더 현실적이라고 할 수 있다. 이런 상황에서도 지배원리를 충족하는 효율적 투자선을 구할 수 있는데 이렇게 도출된 효율적 투자선이 바로 자본시장선이다.

[그림 6-1] 위험자산과 무위험자산의 결합: 자본시장선

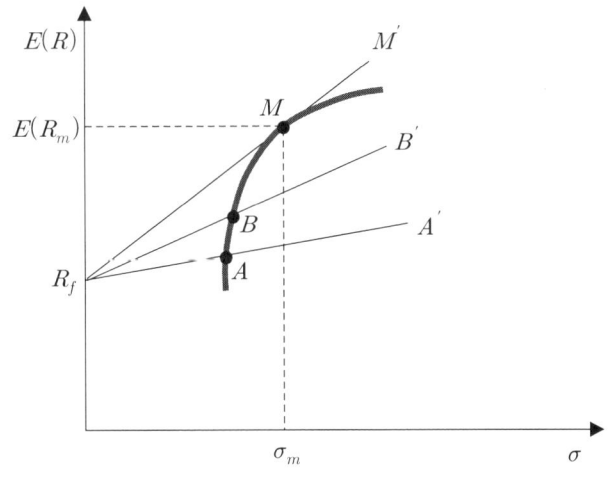

[그림 6-1]에서 투자자금의 일부인 w를 마코위츠(Markowitz)의 효율적 투자선상의 위험자산 A에 투자하고 나머지 (1-w)를 무위험자산에 투자하여 구성한 포트폴리오를 생각해 보자. 즉, 100만원을 가진 투자자가 40만원은 주식에 투자하고, 나머지 60만원을 은행에 예금한 것이다. 이 때 w=0.4가 된다.

이 포트폴리오의 기대수익률과 위험을 구해보자. 포트폴리오의 기대수익률은 다음과 같다.

$$E(R_p) = wE(R_A) + (1-w)R_f \qquad \text{(식 6.1)}$$

이 때 R_f는 예금이자율 또는 국채수익률과 같이 무위험자산에 투자할 때 얻는 수익률이다. 그런데 무위험자산은 미래에 확정된 수익을 가져다주기 때문에 R_f는 확률변수가 아닌 상수가 된다. 따라서 $E(R_f)$가 아닌 R_f로 표시된다.

다음에는 포트폴리오의 분산을 구해보자.

$$\sigma_p^2 = w^2\sigma_A^2 + (1-w)^2\sigma_f^2 + 2w(1-w)\sigma_{Af} \qquad \text{(식 6.2)}$$

R_f는 상수이므로 (식 6.2)에서 R_f에 대한 분산(σ_f^2)과 공분산(σ_{Af})은 모두 0이 된다. 따라서 위 식을 다음과 같이 정리하여 w를 구할 수 있다.

$$\sigma_p^2 = w^2\sigma_A^2 \rightarrow \sigma_p = w\sigma_A \rightarrow w = \frac{\sigma_p}{\sigma_A} \qquad \text{(식 6.3)}$$

이렇게 구한 w를 (식 6.1)에 대입하면 다음과 같은 식을 구할 수 있다.

$$E(R_p) = R_f + \frac{E(R_A) - R_f}{\sigma_A}\sigma_p \qquad \text{(식 6.4)}$$

(식 6.4)를 그림으로 나타내면 [그림 6-1]의 직선 R_fAA'가 된다. 이는 투자자금의 일부를 위험자산 A에 투자하고 나머지를 무위험자산(은행예금 등)에

투자하면 투자기회선이 $R_f AA'$로 나타난다는 뜻이다.

동일한 원리로 위험자산 B와 무위험자산을 결합시키면 투자기회선은 $R_f BB'$로 나타난다. 이러한 선들은 어떤 위험자산을 무위험자산과 결합시키는가에 따라 다양하게 나타날 수 있다. 이러한 직선 중에서 지배원리를 만족하는 가장 우수한 선은 $R_f MM'$가 되는데 이를 자본시장선(CML)이라고 한다. 그리고 (식 6.4)를 이용하면 CML을 다음 식으로 나타낼 수 있다.

$$E(R_p) = R_f + \frac{E(R_m) - R_f}{\sigma_m} \sigma_p \qquad \text{(식 6.5)}$$

3. 시장포트폴리오

투자자들은 무위험자산과 함께 투자할 위험자산으로 무엇을 선택할까? 즉, 은행 예금과 함께 투자할 대상으로 무엇을 선택할까? [그림 6-1]에서 보면 M을 선택할 것이다. 그래야만 지배원리를 충족하는 가장 좋은 투자기회선을 얻을 수 있기 때문이다. 이렇게 무위험자산이 존재할 때 포트폴리오이론의 효율적 투자선 상에서 투자자들이 선택하는 가장 우월한 포트폴리오 M을 시장포트폴리오(market portfolio)라고 한다.

그렇다면 시장포트폴리오(M)를 구성하는 주식은 어떤 것들일까? 시장에 존재하는 모든 주식들은 M에 포함된다. 만약 삼성전자 주식이 M에 포함되지 않다고 가정하자. 그러면 지배원리에 의해 모든 투자자가 M에만 투자하고 삼성전자에는 투자하지 않을 것이다. 이 경우 수요가 없는 삼성전자 주식은 시장에서 사라지게 될 것인데, 현재 삼성전자 주식이 존재한다는 것은 삼성전자 주식이 M에 포함되어 있다는 것을 의미한다.

시장에 존재하는 다른 주식에 대해서도 같은 논리가 성립한다. 즉, 시장에 존재하는 모든 주식이 시장포트폴리오(M)에 포함된다고 할 수 있다. 다시말해 시장포트폴리오는 시장의 모든 주식으로 구성된다는 의미가 된다.

주식시장에 상장된 주식을 모두 구입한다면 이는 시장포트폴리오에 투자하는 것이 된다. 그러나 자금의 한계가 있는 주자자들이 일정한 금액으로 시장포트폴리오를 구성하려면 총금액 중 얼마를 각 개별증권에 투자해야 할까? 이를 구하기 위해 총금액 중 다음과 같이 산출된 비율 w_i만큼 주식 i에 투자하는 것이다.

$$w_i = \frac{주식\ i의\ 시가총액}{시장\ 전체주식의\ 시가총액} \quad (식\ 6.6)$$

다시말해 시장포트폴리오란 시장 전체주식에 대해 각 주식을 시가총액 비율만큼 투자한 포트폴리오라는 것을 알 수 있다. 종합주가지수(KOSPI)는 각 주식을 시가총액에 의해 산출한 지수이기 때문에 종합주가지수의 변동률을 이용하면 시장포트폴리오에 투자한 것과 동일한 효과를 얻을 수 있다.

[그림 6-2] 무위험자산이 존재할 때 최적포트폴리오 선택

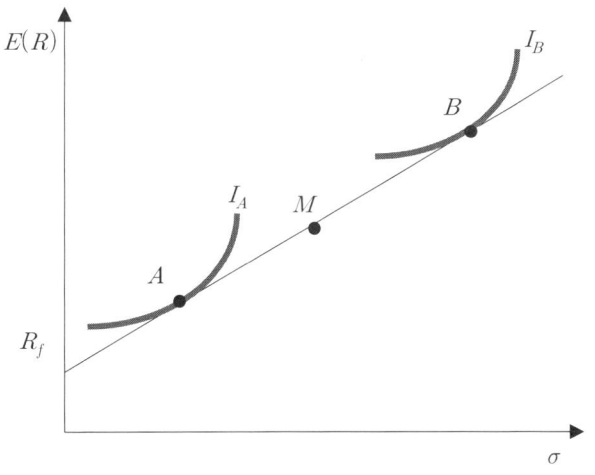

자본시장선은 무위험자산이 존재할 때의 효율적 투자선이다. 따라서 투자자들은 본인의 무차별곡선이 자본시장선과 접하는 점에서 최적포트폴리오를 선택할 것이다. 그래야 효용이 가장 커지기 때문이다. [그림 6-2]에 의하면 어떤 투자자는 A를 선택하고 다른 투자자는 B를 선택한다. 이 때 A는 투자자금의 일부를 무위험자산에 투자하고, 나머지는 시장포트폴리오(M)에 투자하는 것을 의미한다. 이러한 자산구성을 대출포트폴리오(lending portfolio)라고 한다.

반면 B는 무위험이자율로 무위험자산을 차입하고 자신이 보유한 자금과 합쳐서 모두 시장포트폴리오에 투자하는 것을 의미한다. 이를 차입포트폴리오(borrowing portfolio)라고 한다.

정리하면 시장포트폴리오(M)를 기준으로 자본시장선의 왼쪽에서 무차별곡선과 자본시장선이 접하는 보수적 성향을 가진 투자자는 대출포트폴리오 A를 선택한다. 반대로 자본시장선의 오른쪽에서 무차별곡선과 자본시장선이 접하는 공격적 성향의 투자자는 차입포트폴리오 B를 선택하게 된다.

[그림 6-3] 효용수준의 비교: 포트폴리오이론과 CAPM

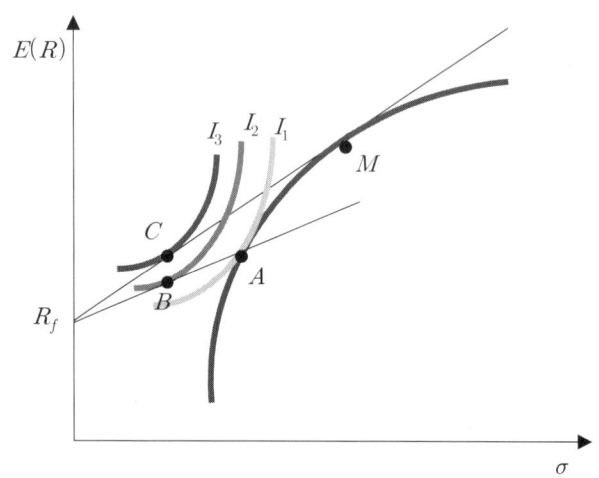

포트폴리오이론에서 위험자산만을 투자대상으로 한 경우의 최적포트폴리오 선택과정을 살펴보았다. CAPM에서는 위험자산과 무위험자산을 모두 투자대상으로 한 경우에 최적포트폴리오가 선택되는 과정을 살펴보았다.

이제 두 경우를 [그림 6-3]에서 비교해보자. 위험자산만을 투자대상으로 한 경우의 최적포트폴리오는 A이고 투자자효용은 무차별곡선 I_1으로 나타난다. 그러나 무위험자산을 투자대상에 포함시키면 최적포트폴리오는 B가 되며 효용수준은 무차별곡선 I_2로 증가한다. 그런데 만약 무위험자산과 결합시킬 위험자산을 A대신 시장포트폴리오(M)로 바꾼다면 최적포트폴리오는 C로 바뀐다. C가 나타내는 효용수준인 무차별곡선 I_3은 가장 높이 위치해 있다.

이상의 결과에서 위험자산만으로 포트폴리오를 구성하는 것보다 무위험자산을 함께 투자하는 것이 더 좋다는 것을 확인할 수 있다. 그리고 무위험자산과 결합시킬 위험자산으로는 시장포트폴리오를 선택하는 것이 가장 좋다는 것도 확인할 수 있다.

그렇다면 자본시장선을 왜 가격결정모형이라고 부르는 것일까? (식 6.5)의 자본시장선은 위험(σ)과 기대수익률($E(R)$)의 관계를 나타내는 식이다. 즉, 위험수준(위험의 크기)을 알면 이를 자본시장선에 대입해서 이에 알맞은 기대수익률을 산출할 수 있다. 그리고 이 기대수익률을 할인율로 사용하여 미래수익의 현재가치를 구하면 균형가격이 된다. 이러한 이유로 자본시장선을 가격결정모형(pricing model)이라고 한다.

주의할 점은 자본시장선으로 구한 기대수익률은 무위험자산과 시장포트폴리오로 구성한 효율적 포트폴리오의 균형가격을 구할 때에만 사용할 수 있는 할인율이라는 것이다.

(예제 6.1) 시장포트폴리오의 기대수익률은 16%, 표준편차는 9%이다. 은행금리(무위험이자율)는 10%라고 할 때, 다음 물음에 답하시오.

(1) 자본시장선(CML)을 구하라.

(2) 보유자금의 1/3을 은행에 예금하고 나머지를 시장포트폴리오에 투자해서 구성한 포트폴리오의 기대수익률과 표준편차를 구하고, 자본시장선에 표시하라.

(3) 어떤 효율적 포트폴리오의 1년 후 기대값이 59,000원이라고 할 때 균형가치는 얼마인가? 단, 이 포트폴리오의 위험(σ)은 12%이다.

〈풀이〉

(1) 자본시장선: $E(R_p) = R_f + \dfrac{E(R_m) - R_f}{\sigma_m} \sigma_p$

$$= 0.1 + \dfrac{0.16 - 0.1}{0.09} \sigma_p = 0.1 + \dfrac{2}{3} \sigma_p$$

(2) 시장포트폴리오 투자비중을 w라고 하면, $w = \dfrac{2}{3}$이고, 기대수익률과 표준편차는 다음과 같다.

$$E(R_p) = \dfrac{1}{3} \times 10 + \dfrac{2}{3} \times 16 = 14(\%)$$

$$\sigma_p = \dfrac{2}{3} \times 9 = 6\%$$

이 위치를 나타내면 다음 그림에서 L로 표시된다.

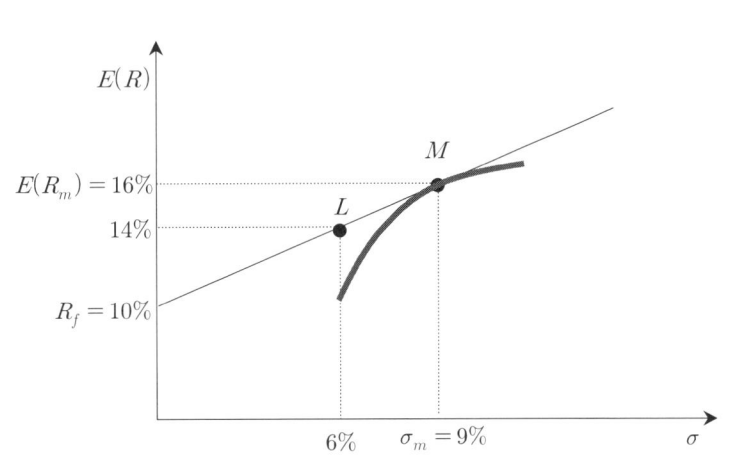

(3) 자본시장선에 위험(σ) 12%를 대입해서 기대수익률을 구한다.

$$E(R_p) = 0.1 + \frac{2}{3}\sigma_p = 0.1 + \frac{2}{3} \times 0.12 = 0.18(18\%)$$

효율적 포트폴리오는 이렇게 구한 기대수익률을 할인율로 이용해서 현재가치를 구하면 균형가치가 된다.

$$P_0 = \frac{E(P_1)}{1 + E(R_p)} = \frac{59,000}{1 + 0.18} = 50,000(원)$$

4. 위험의 종류: 체계적 위험 vs. 비체계적 위험

지금까지 개별주식의 위험은 표준편차나 분산으로 측정하였는데, 이를 총위험(total risk)이라고 한다. 따라서 앞에서 설명한 자본시장선은 총위험과 기대수익률의 관계를 나타내는 식이라고 할 수 있다. 즉, 효율적 포트폴리오의 총위험이 주어지면 이를 자본시장선에 대입하여 기대수익률을 구하고, 이를 할인율로 해서 효율적 포트폴리오의 미래현금흐름을 현재가치로 계산하면 효율적 포트폴리오의 균형가격이 되는 것이다.

분산투자가 가능한 현실적인 상황을 생각해보자. 분산투자를 통해 포트폴리오를 구성하면 포트폴리오를 구성하는 여러 종목이 갖는 서로 간의 상관관계 때문에 포트폴리오의 위험은 개별주식의 위험을 평균한 값보다 더 줄어든다. 이를 포트폴리오 효과라고 한다. 투자자들은 위험을 최소화하려고 하기 때문에 가능한 많은 종목으로 포트폴리오를 구성하려고 할 것이다. 따라서 최종적으로는 증권시장 전체종목으로 구성된 시장포트폴리오를 선택하게 된다.

앞에서 말한 개별주식의 총위험은 이렇게 시장포트폴리오를 구성함으로써 사라지는 부분과 시장포트폴리오를 구성해도 여전히 남아 있는 부분으로 구성된다. 여기서 시장포트폴리오를 구성하면 사라지는 부분을 비체계적 위험(unsystematic risk)이라고 하고, 시장포트폴리오를 구성해도 여전히 남아 있는 부분은 체계적 위험(systematic risk)이라고 한다.

체계적 위험과 시장과의 관련성을 살펴보기 위해 삼성전자 주식만을 가진 투자자가 있다고 하자. 이 때 삼성전자 주가는 어떤 요인에 의해 변동할까? 첫째, 경제성장률, 금리, 수출증가율 등 거시적 경제변수가 반영된 시장전체의 움직임에 의해서 영향을 받을 것이다. 둘째, 삼성전자의 신기술개발, 경영진교체 등 기업적 요인에 의해서도 영향을 받을 것이다.

그런데, 이 투자자가 현대자동차 주식도 매입해서 분산투자를 하였다고 가정하자. 현대자동차의 주가변동도 시장전체의 움직임과 현대자동차의 기업적 요인에 의해서 영향을 받을 것이다.

여기서 만약 삼성전자의 기업적 요인이 예측치 못한 악재였다면 이는 현대자동차의 예측치 못한 호재로 상쇄될 수 있을 것이다. 이러한 기업적 요인이 비체계적 위험이고, 이는 삼성전자와 현대자동차에 분산투자하여 제거할 수 있는 것이다.

그런데 이렇게 분산투자해도 거시적 경제변수가 반영된 시장전체의 움직임에 의해서 삼성전자와 현대자동차 주가가 변동하는 것은 막을 방법이 없다. 이게 체계적 위험이다. 그러므로 체계적 위험은 시장전체의 움직임과 연관성을 의미하는 것이다.

5. 증권시장선

시장포트폴리오도 위험자산이다. 그러면 시장포트폴리오에 투자할 때, 위험을 부담하는 대가로 얼마의 기대수익률을 얻는 것일까? 이를 확인하기 위해 투자자금을 모두 시장포트폴리오에 투자한 경우를 살펴보자. 그러면 이 투자자는 자본시장선을 의미하는 [그림 6-1]에서 보듯 시장포트폴리오 위험(σ_m^2)을 부담하게 된다.

그리고 이 때의 기대수익률은 시장포트폴리오의 기대수익률, $E(R_m)$이 된다. 그런데 만약 투자자가 위험이 없는 예금을 들더라도 R_f의 이자율은 얻을 수 있다. 따라서 시장포트폴리오에 투자한 경우에는 σ_m^2에 해당하는 위험이 대가로 $[E(R_m) - R_f]$만큼의 수익률을 받는 것이다.

그러므로 시장포트폴리오에 투자할 때에 위험단위당 얻게 되는 수익률은 다음과 같이 산출할 수 있다.

$$\frac{E(R_i) - R_f}{\sigma_m^2} \qquad \text{(식 6.7)}$$

이번에는 개별주식 i에 투자한 경우 부담하는 위험과 수익률을 계산해 보자. 분산투자가 가능한 상황에서 개별주식 i의 체계적 위험은 시장과의 공분산(σ_m)이다. 그런데 위험의 대가로 투자자가 얻게 되는 수익률은 시장포트폴리오의 경우를 설명한 것과 같은 논리로 $[E(R_i) - R_f]$임을 알 수 있다. 따라서 위험단위 당 수익률은 다음과 같이 산출된다.

$$\frac{E(R_i) - R_f}{\sigma_{im}} \qquad (식\ 6.8)$$

시장이 균형상태라면 (식 6.7)과 (식 6.8)은 같아야 한다. 왜냐하면 두 식은 모두 위험단위당 수익률을 나타내는 것이기 때문이다. 만약 (식 6.7)이 (식 6.8)보다 크다면 이는 시장포트폴리오의 위험단위당 수익률이 개별주식 i의 수익률보다 크다는 것인데, 이 때 투자자들은 모두 시장포트폴리오에만 투자하려고 할 것이고, 개별주식 i는 시장에서 사라질 것이다.

이와 반대로 (식 6.8)이 (식 6.7)보다 크다면 이는 개별주식 i의 위험단위당 수익률이 시장포트폴리오의 수익률보다 크다는 것인데, 이 경우 투자자들은 모두 개별주식 i에만 투자하려고 할 것이기 때문에 시장에는 개별주식 i만 존재하고 다른 주식들은 모두 사라질 것이다.

결국 두 가지 투자대상이 함께 존재하려면 위험단위당 수익률이 똑같아야 한다. 즉, 삼성전자의 위험단위당 수익률이나 시장포트폴리오의 위험단위당 수익률이 같기 때문에 두 가지가 함께 시장에 존재하는 것이다.

따라서 다음과 같은 관계식이 성립되어야 한다.

$$\frac{E(R_i) - R_f}{\sigma_m^2} = \frac{E(R_i) - R_f}{\sigma_{im}}$$

위 관계식을 개별주식의 기대수익률($E(R_i)$)에 대해서 정리하면 다음과 같이 표현된다.

$$E(R_i) = R_f + \frac{E(R_m) - R_f}{\sigma_m^2}\sigma_{im}$$

그런데 앞서 $\beta_i = \dfrac{\sigma_{im}}{\sigma_m^2}$이라고 하였으므로 이 식은 다음과 같이 기대수익 ($E(R_i)$)과 베타(β)와의 직선식으로 표현할 수 있다.

$$E(R_i) = R_f + [E(R_m) - R_f]\beta_i \qquad \text{(식 6.9)}$$

이 식을 증권시장선(SML: Security Market Line)이라고 하며, 이 식을 기대수익률과 베타의 공간에 나타내면 [그림 6-4]와 같다.

[그림 6-4] 증권시장선

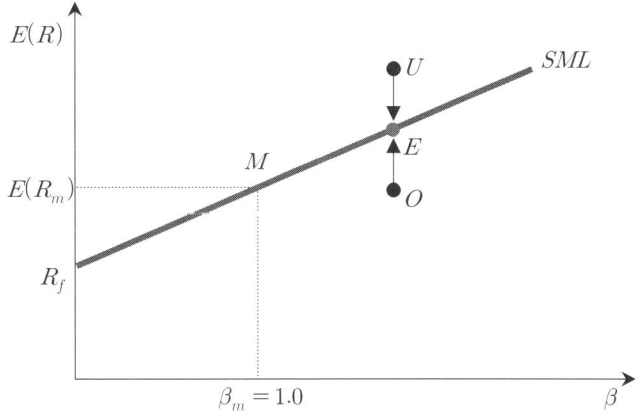

증권시장선 (식 6.9)에서 구한 기대수익률 $E(R_i)$을 보면 R_f와 $[E(R_m) - R_f]\beta_i$의 합계로 구성된 것을 알 수 있다. R_f는 은행금리와 같은 무위험수익률이고 $[E(R_m) - R_f]\beta_i$는 체계적 위험(베타)에 대한 대가로서 위험프리미엄(risk premium)이라고 한다. 그런데 은행금리나 시장포트폴리오 수익률은 모두에게 똑같은 값으로 주어지므로 위험프리미엄은 베타에 의해서 결정된다. 따라서 증권시장선으로 구하는 특정주식의 기대수익률은 그 주식의 베타에 의해 결정된다.

자본시장선과 증권시장선을 비교해보자.

자본시장선(CML): $E(R_p) = R_f + \dfrac{E(R_m) - R_f}{\sigma_m}\sigma_p$

증권시장선(SML): $E(R_i) = R_f + [E(R_m) - R_f]\beta_i$

CML과 SML은 모두 위험과 기대수익률 사이의 관계식이다. 즉, 위험정보를 이용해서 그에 해당하는 기대수익률을 구할 수 있는 식이다. 그리고, 기대수익률도 무위험수익률에 위험프리미엄을 더하는 방식으로 구성된다.

그런데 자본시장선에서는 위험정보로 총위험에 해당하는 표준편차(σ)를 이용한 반면, 증권시장선에서는 위험정보로 체계적 위험에 해당하는 베타(β)를 이용한다. 그리고 자본시장선은 효율적으로 분산투자된 포트폴리오의 가치를 산출할 때만 이용되는 반면, 증권시장선은 비효율적으로 투자된 포트폴리오나 개별주식의 가치를 산출할 때에도 이용할 수 있는 점이 다르다.

증권시장선을 통해 구한 기대수익률은 균형수익률이다. 즉, 어떤 주식의 위험(베타)을 증권시장선에 대입하면 그 위험에 알맞은 균형수익률을 구할 수 있다. 그리고 이를 할인율로 이용해서 미래 현금흐름의 현재가치를 구하면 그 주식의 균형가격을 구한 것이 된다.

그런데 베타가 클수록 증권시장선의 균형수익률도 큰 값을 갖는다. 따라서 똑같은 미래 현금흐름이 예상되는 주식이라고 해도 베타가 큰 주식은 할인율로 사용할 균형수익률이 크게 되고, 이에 따라 현재가치인 균형주가는 낮아지게 된다.

증권시장선을 통해서 구한 균형주가는 투자종목을 선택하는 기준이 된다. 균형주가와 실제 시장주가가 같다면 균형상태라고 한다. 그러나 일시적 불균형으로 시장주가가 균형주가보다 높거나 낮은 가격으로 형성되어 있을 수 있다.

[그림 6-5]에서 U로 표시된 주식은 균형점 E로 표시된 주식과 베타는 같지만 기대수익률(할인율)이 높다. 할인율이 높다는 것은 현재주가가 균형주가보다 낮다는 뜻이다. 투자자들은 과소평가(저평가)된 주식 U를 사려고 할 것이다. 주식 U에 대한 수요증가는 시장가격을 상승시키고 이에 따라서 수익률은 하락한다. 결국 수익률이 E가 되는 주가수준에서 가격은 멈추고 균형상태가 된다.

반대로 같은 베타를 가지면서 수익률이 낮은, 즉 과대평가(고평가)된 주식 O는 같은 논리에 의해 투자자들이 팔려고 할 것이며 U와는 반대의 과정을 거쳐서 균형점 E로 가게 된다. 이렇게 시장균형이 이루어지면서 투자자들은 시장주가와 균형주가의 차이에 해당하는 이익을 얻게 된다.

(예제 6.2) 대한전자의 현재 주가는 20,000원인데, 올해 말 대한전자의 1주당 배당액은 2,000원, 1주당 주가는 26,000원으로 기대된다. 대한전자 주식의 베타는 2.4이고 무위험이자율 10%, 시장포트폴리오의 기대수익률은 16.25%이다.

(1) 대한전자 주식의 균형수익률 및 균형가격은 얼마인가.
(2) 대한전자 주식의 예상수익률을 산출하여 이 주식의 위치를 SML과 함께 그림에서 나타내고 주가변화를 예측하라

〈풀이〉
(1) 균형수익률은 SML을 통해서 구한 기대수익률을 말한다.

균형시장선: $E(R_i) = R_f + [E(R_m) - R_f]\beta_i$
$= 0.1 + [0.1625 - 0.1] \times 2.4 = 0.25(25\%)$

이 주식의 1년 후 현금흐름의 기대값은 28,000원(=2,000+26,000)이므로 이를 균형수익률로 할인하면 균형가격을 다음과 같이 구할 수 있다.

$$\frac{28,000}{1+0.25} = 22,400(원)$$

(2) 예상수익률은 현재주가를 기준으로 산출한 기대수익률을 말하며 다음과 같이 계산한다.

$$\frac{(P_1 - P_0)}{P_0} = \frac{(26,000 - 20,000) + 2,000}{20,000} = 0.4(40\%)$$

이 수익률의 위치를 SML과 함께 나타내면 다음과 같다.

〈풀이〉

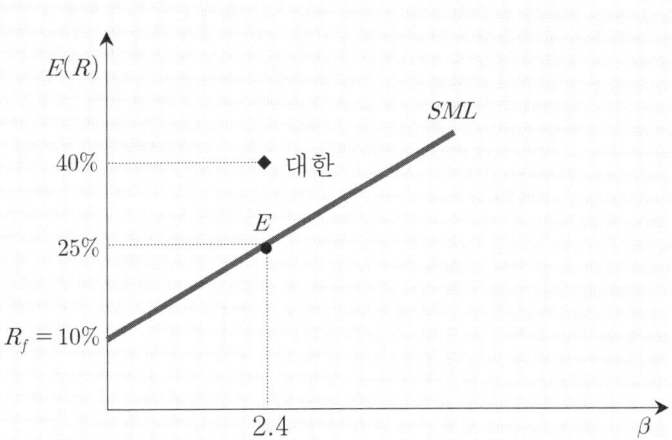

현재의 시장가격 20,000은 균형가격 22,400원에 비해서 과소평가 되어 있으므로 투자자들은 이를 구입하려 할 것이다. 그래서 수요증가에 따라 주가는 상승하면서 균형가격 22,400원이 되고, 예상수익률은 25%로 하락하여 SML상의 E점으로 내려오게 된다.

제7장. 자본비용

(주요 내용)

○ 위험과 레버리지

○ 자본비용의 정의와 종류

○ 자본비용 계산: 가중평균자본비용(WACC)

○ 레버리지 효과

1. 위험과 레버리지

위험(risk)은 미래투자수익의 기대수익으로부터의 변동가능성을 말하며, 위험의 지표로는 분산(variance)과 표준편차(standard deviation)가 주로 이용된다. 포트폴리오이론에서는 위험을 분산투자를 통해 회피할 수 있는 위험과 분산투자를 해도 회피할 수 없는 위험으로 구분한다.

개별기업 고유의 위험정도인 비체계적 위험은 기업의 투자 의사결정과 자본조달 의사결정에 의하여 좌우된다. 즉, 위험이 큰 투자안의 채택은 기업의 미래 현금흐름의 변동가능성을 증가시키고, 타인부채를 많이 사용하면 주주이익의 변동가능성을 증가시킨다.

영업위험(operating risk)은 미래에 기업의 영업이익이 여러 가지 요인에 의하여 기대영업이익과 다르게 실현될 가능성으로, 경영위험(business risk)이라고도 한다. 기업은 경영자의 투자의사결정 내용에 따라 자산구성 내역이 달라지고, 기업의 영업이익에는 자산운용 결과가 반영된다. 따라서 영업이익의 변동가능성을 의미하는 영업위험은 투자안 자체의 위험으로써 기업의 자본구조와는 무관하다. 기업의 영업이익(EBIT)은 타인자본에 대한 이자와 세금을 차감하기 전 이익으로써, 기업의 자본구조와는 무관하게 결정되기 때문이다. 따라서 영업위험을 측정하기 위해 영업비용 중 고정영업비가 차지하는 정도를 계산한다.

재무위험(financial risk)은 기업이 타인자본을 사용하는 정도에 따라 미래주주이익이 기대주주이익과 다르게 실현될 가능성을 말한다. 기업의 자본구성에 관한 의사결정 내용에 따라 기업의 자본구조가 달라지는데, 이 때 타인자본의 사용정도 및 그에 따른 이자비용에 의하여 주주이익이 받는 영향이 재무위험이다.

레버리지(leverage)는 지레의 힘을 의미하며, 재무관리에서는 고정비를 발생시키는 자산 및 자금(부채 등)을 사용하는 것을 의미한다. 또한 레버리지 분석(leverage analysis)은 기업의 총비용 중에서 고정비(고정영업비, 고정금융비용)가 차지하는 비중이 클수록 이익과 손실이 확대되는 손익확대효과(leverage effect)의 원리를 분석하는 것을 말한다.

레버리지에는 영업레버리지, 재무레버리지, 결합레버리지 등이 있다. 레버리지 자체는 좋은 것도 아니고 나쁜 것도 아니다. 레버리지가 클 경우 매출이 증가하여 수익성이 좋을 때에는 유익하지만, 매출이 감소하여 수익이 감소할 경우에는 주주에게 불리하다.

(1) 영업레버리지

영업레버리지(operating leverage)는 기업의 영업비용 중에서 고정영업비가 차지하는 정도를 의미한다. 즉, 영업이익을 실현하는 과정에서 고정영업비가 지렛대(lever)의 역할을 하여, 매출액이 증가(감소)할 경우 영업이익의 증가(감소)폭이 확대되는 것을 말한다.

영업레버리지 분석은 고정영업비의 존재로 인한 매출액의 변화에 따라 영업이익이 보다 크게 변화하는 영업손익의 확대효과를 분석하는 것이다. 영업레버리지도(DOL: Degree of Operating Leverage)는 매출액의 변화에 따른 영업이익의 반응을 측정하는 척도로, 특정 매출량 수준에서 매출액의 변화율에 대한 영업이익의 변화율의 비율로 측정된다.

$$DOL = \frac{\frac{\triangle EBIT}{EBIT}}{\frac{\triangle Q}{Q}} \qquad (식\ 7.1)$$

EBIT: 지급이자와 세금차감 전 영업이익 Q: 매출량

그런데, $EBIT = (p-v)Q - FC$이고, $\triangle EBIT = (p-v)\triangle Q$이므로,

$$DOL = \frac{(p-v)Q}{(p-v)Q - FC} \quad \text{(식 7.2)}$$

p: 제품단위당 판매가격   v: 제품단위당 변동비   FC: 고정비

영업레버리지도(DOL)는 특정 매출액 수준에서 매출액의 변화에 대한 영업이익의 변화정도를 의미하며, 고정영업비가 클수록 DOL이 커진다.

(예제 7.1) 대한전자의 2016년도 손익계산서는 다음과 같다.

매출액	1,000,000
변동매출원가	400,000
고정영업비용	300,000
지급이자	200,000
순이익	100,000

이 경우 대한전자의 2016년 영업레버리지도(DOL)는 얼마인가?

$$\Rightarrow DOL = \frac{(p-v)Q}{(p-v)Q - FC} = \frac{1,000,000 - 400,000}{300,000} = 2$$

(2) 재무레버리지

재무레버리지(financial leverage)란 기업의 자본구성비율 중에서 타인자본이 차지하는 비율을 의미한다. 즉, 재무레버리지는 $\frac{부채}{자기자본}$ 또는 $\frac{부채}{총자본}$을 의미한다. 재무레버리지효과(financial leverage effect)는 주주이익의 실현과정에서 고정재무비용이 지렛대(lever) 역할을 하여 영업이익이 증가(감소)할 경우 주주이익의 증가(감소)폭이 확대되는 것을 말한다.

재무레버리지 분석은 고정재무비용의 존재로 인해 영업이익의 일정한 변화에 대해 주주이익이 보다 크게 변화하는 주주손익의 확대효과를 분석하는 것이다. 재무레버리지도(DFL: Degree of Financial Leverage)는 영업이익의 변화에 따른 주주이익의 반응을 측정하는 척도로써, 특정 영업이익수준에서 영업이익의 변화율에 대한 주당순이익의 변화율의 비율로 측정된다.

$$DFL = \frac{\frac{\triangle EPS}{EPS}}{\frac{\triangle EBIT}{EBIT}} \qquad (식\ 7.3)$$

EBIT: 지급이자와 세금차감 전 영업이익 EPS: 주당순이익

그런데, $EPS = \frac{(EBIT-I)(1-t_c)}{n}$ 이고, $\triangle EPS = \frac{\triangle EBIT(1-t_c)}{n}$ 이므로,

$$DFL = \frac{EBIT}{EBIT-I} = \frac{(p-v)Q-FC}{(p-v)Q-FC-I} \qquad (식\ 7.4)$$

p: 제품단위당 판매가격   v: 제품단위당 변동비
FC: 고정비   I: 지급이자

재무레버리지도(DFL)는 특정 영업이익 수준에서 영업이익의 변화에 대한 주당순이익의 변화정도를 의미하며, 고정재무비용이 클수록 DFL이 커지므로 타인자본 사용이 많은 기업의 DFL이 크게 나타난다.

(예제 7.2) 대한전자의 2016년도 손익계산서는 다음과 같다.

매출액	1,000,000
변동매출원가	400,000
고정영업비용	300,000
지급이자	200,000
순이익	100,000

이 경우 대한전자의 2016년 재무레버리지도(DFL)는 얼마인가?

$$\Rightarrow DFL = \frac{(p-v)Q - FC}{(p-v)Q - FC - I} = \frac{1,000,000 - 400,000 - 300,000}{100,000} = 3$$

영업위험과 재무위험을 비교하면 〈표 7-1〉과 같다.

〈표 7-1〉 영업위험과 재무위험

	영업위험	재무위험
의의	기업의 투자안이 가진 고유한 성격 때문에 투자자의 부를 위협하는 것	투자에 필요한 자금조달 방법에 의해 투자자의 부를 위협하는 것
레버리지	영업비 중 고정영업비가 차지하는 정도	타인자본과 자기자본의 비율
레버리지효과	매출액의 변화에 따라 영업손익이 확대되어 나타나는 효과	영업이익의 변화에 따라 주주손익이 확대되어 나타나는 효과
레버리지도	$DOL = \dfrac{(p-v)Q}{(p-v)Q-FC}$	$DFL = \dfrac{(p-v)Q-FC}{(p-v)Q-FC-I}$

(3) 결합레버리지

결합레버리지(combined leverage, total leverage)란 영업레버리지와 재무레버리지가 동시에 존재하여 매출액의 변화가 주당순이익(EPS)에 미치는 영향을 의미한다. 결합레버리지도(DCL: Degree of Combined Leverage)는 매출액의 변화율과 주당순이익의 변화율의 비율을 말한다.

$$DCL = \dfrac{\dfrac{\triangle EPS}{EPS}}{\dfrac{\triangle Q}{Q}} \qquad (식\ 7.5)$$

그런데, $DOL = \dfrac{\dfrac{\triangle EBIT}{EBIT}}{\dfrac{\triangle Q}{Q}}$ 이고, $DFL = \dfrac{\dfrac{\triangle EPS}{EPS}}{\dfrac{\triangle EBIT}{EBIT}}$ 이므로,

$$DCL = DOL \times DFL = \frac{(p-v)Q}{(p-v)Q - FC - I} \qquad \text{(식 7.6)}$$

한편, 기업이 어떤 투자를 위해 자금을 조달할 때 자기자본으로만 자금을 조달할 수도, 타인자본으로만 자금을 조달할 수도, 양자를 혼합해서 자금을 조달할 수도 있다. 레버리지 효과(leverage effect)는 타인자본을 이용할수록 수익률의 변화폭이 확대되는 효과를 의미한다.

레버리지 효과의 사례를 살펴보자. 2억원의 토지 구입을 위해 자기자본으로 2억원을 조달한 A기업과 자기자본 1억원과 타인자본 1억원으로 2억원을 조달한 B기업이 있다고 가정하자. 1년 후 토지 가격이 3억원으로 상승하였다면, A기업의 수익률은 50%($=\frac{1억원}{2억원} \times 100(\%)$)이지만 B기업의 수익률은 100%($\frac{1억원}{1억원} \times 100(\%)$)이다. 그러나 1년 후 투지 가격이 1억원으로 하락했다면, A기업의 수익률은 -50%($\frac{-1억원}{2억원} \times 100(\%)$)이지만 B기업의 수익률은 -100%($\frac{-1억원}{1억원} \times 100(\%)$)이다. 동일한 상황에서 타인자본을 이용하지 않은 A기업의 수익률의 변화폭은 -50%~+50%인 반면, 타인자본을 이용한 B기업의 수익률의 변화폭은 -100%~+100%로 확대된다.

2. 자본비용의 정의와 종류

자본비용(cost of capital)이란 기업이 자본을 사용하는 대가로 자본 제공자(채권자, 주주 등)에게 지불하는 비용을 의미한다. 자본비용은 기업 가치를 하락시키지 않기 위해 새로운 투자로부터 벌어들여야 하는 최소한의 수익률을 의미한다. 기업 입장에서는 자본비용이지만, 투자자 입장에서는 제공한 자본액에 대해 요구하는 최소한의 요구수익률, 기대수익률이 된다.

그렇다면 자본비용은 언제 이용될까? 첫째, 투자 의사결정의 기준이 된다. 자본비용은 투자안으로부터 벌어들여야 하는 최소한의 요구수익률이므로 투자 의사결정의 기준이 된다. 투자 의사결정시 투자안의 미래 현금흐름의 순현가를 구할 때 할인율로 이용된다. 둘째, 자본구조 결정의 기준이 된다. 자본비용을 최소화할 때 기업가치가 극대화되므로 자본조달 결정의 기준이 되며, 기업가치를 평가하는 데 사용되므로 자본비용은 기업가치 결정의 중요한 요소이다. 셋째, 다양한 재무 의사결정의 기준이 된다. 리스금융, 운전자본관리, 배당결정 등의 의사결정의 기준이 된다.

[그림 7-1] 자금조달 방법과 자본비용

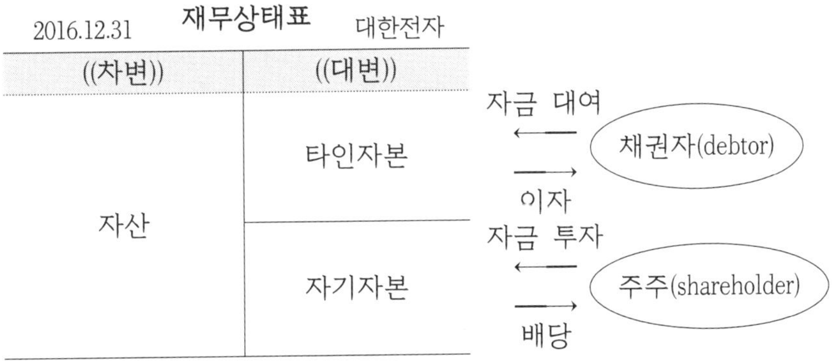

[그림 7-1]은 기업의 대표적인 자금조달 방법 두 가지와 그에 따른 자본비용을 보여주고 있다. 타인자본(부채)을 사용한 대가로 지불하는 비용(이자비용)을 타인자본비용, 자기자본(자본)을 사용한 대가로 지불하는 비용(배당금)을 자기자본비용이라고 정의할 수 있다.

3. 자본비용 계산: 가중평균 자본비용

기업은 투자자금을 여러 가지 방법으로 조달할 수 있다. 그러나 크게 타인자본(부채)을 이용하는 방법과 주식을 발행하거나 유보이익 등 자기자본을 이용하는 방법의 두 가지로 분류할 수 있다. 따라서 타인자본비용과 자기자본비용을 구하는 방법을 살펴보자.

(1) 타인자본비용

부채금액이 B라고 하고 이에 대해 매년 말 지급하는 이자금액을 I라고 하면, 타인자본비용은 다음과 같이 산출되는 이자율 k_d로 측정한다.

$$k_d = \frac{I}{B}$$

그런데 k_d는 이자비용의 감세효과를 고려하지 않은 세전타인자본비용이다. 기업은 부채를 사용하는 대가로 이자를 지급하게 되고, 이자는 비용으로 처리되기 때문에 과세이익을 작게 만들고 기업이 내야 할 법인세도 줄어든다. 이를 이자비용의 감세효과(interest tax shield effect)라고 한다.

그러면 이자가 비용으로 처리되며 법인세를 얼마나 감소시킬까? 법인세율을 t라고 하면 이자금액에 법인세율을 곱한 금액($I \times t$)만큼의 세금을 덜 내게 된다. 이 효과를 감안하면 기업이 부채사용에 대해 실제로 부담하는 이자부담액은 $I - I \times t = I(1-t)$가 된다. 이 금액을 기준으로 타인자본비용을 산출하면 (식 7.7)이 되며, k_i는 이자비용의 감세효과를 고려한 것이기 때문에 세후타인자본비용이라고 한다.

$$k_i = \frac{I(1-t)}{B} = k_d(1-t) \qquad \text{(식 7.7)}$$

(2) 자기자본비용

자기자본비용이란 주식을 발행해서 자금을 조달하는 경우 자본을 제공한 투자자에게 자본사용대가로 지급하는 비용을 말한다. 자본비용이란 기업의 입장에서 본 용어이고, 주주의 입장에서는 주식을 매입하면서 기대하는 수익률이 된다. 그렇다면 주식에 대한 기대수익률은 어떻게 구할까?

CAPM에서 등장한 증권시장선이 균형상태에서 개별주식에 대한 기대수익률을 나타낸다고 하였으며 이 값이 자본비용을 이용된다. 따라서 어떤 주식의 위험을 베타로 측정해서 증권시장선에 대입하면 그 기업의 자기자본비용을 구할 수 있다. 즉, 증권시장선으로 구한 균형수익률 $E(R_i)$가 자기자본비용 k_e인 것이다.

이렇게 구한 자기자본비용은 대개 타인자본비용보다 높은 값을 갖는다. 그 이유는 부채를 제공한 채권자가 받는 이자보다 주식에 투자한 주주들이 받는 배당금이 더 변동성이 크기 때문이다. 채권자보다 주주가 부담하는 위험이 더 크고 위험이 더 큰 만큼 더 높은 수익률을 요구하므로 기업의 입장에서는 자기자본비용이 타인자본비용보다 높게 되는 것이다.

$$E(R_i) = R_f + [E(R_m) - R_f]\beta_i \qquad \text{(식 7.8)}$$

(3) 가중평균자본비용

기업이 여러 가지 원천으로 자본을 조달하고 각 원천별 자본비용이 각기 다르다면 이 기업의 자본비용은 얼마로 보아야 할까? 즉, 기업이 사용하고 있는 자본 전체에 대해서 부담하고 있는 평균자본비용은 어떻게 구할 수 있을까? 이는 전체 자본 중 각 원천별 자본이 차지하고 있는 구성비율을 가중치로 하고 각 원천별 자본비용을 평균해서 다음과 같이 구한다.

$$k_0 = \frac{B}{S+B} \times k_i + \frac{S}{S+B} \times k_e \qquad \text{(식 7.9)}$$

k_i: 세후타인자본비용 k_e: 자기자본비용   B: 타인자본   S: 자기자본

이렇게 구한 자본비용 k_0를 가중평균자본비용(WACC: Weighted Average Cost of Capital)이라고 한다. 이 값이 기업이 조달해서 사용하고 있는 전체자본에 대해서 부담하고 있는 평균자본비용이다.

영업현금흐름을 WACC로 할인한 현재가치가 기업가치이다. 기업가치를 높이려면 영업현금흐름이 크게 되도록 투자안을 선택하고, WACC가 작게 되도록 자본을 조달해야 한다.

(예제 7.3) 대한전자는 2016년말 현재 부채 500억원, 자본 500억원으로 자금을 조달하고 있다. 한편, 대한전자의 세후타인자본비용(k_i)은 8%, 자기자본비용(k_e)는 16%이다. 이 경우 대한전자의 부채비율과 가중평균자본비용은 얼마인가?

⇒ 부채비율: $\frac{500}{500} \times 100(\%) = 100\%$

가중평균자본비용: $k_0 = \frac{B}{S+B} \times k_i + \frac{S}{S+B} \times k_e$

$$= 0.08 \times \frac{500}{1,000} + 0.16 \times \frac{500}{1,000} = 0.12\,(12\%)$$

제8장. 자본구조이론

(주요 내용)

○ 자본구조이론의 기초

○ 완전시장의 자본구조이론

○ 불완전시장의 자본구조이론

1. 자본구조이론의 기초

7장 자본비용에서 기업가치는 미래 유입될 현금흐름을 가중평균자본비용(k_0)로 할인한 현재가치라고 하였으며, k_0는 다음과 같이 산출된다고 하였다.

$$k_0 = \frac{B}{S+B} \times k_i + \frac{S}{S+B} \times k_e \qquad (식\ 8.1)$$

(식 8.1)을 보면 가중평균자본비용(k_0)은 타인자본비용(k_i)과 자기자본비용(k_e), 부채의존도에 의해 결정된다는 것을 알 수 있다. 여기서 부채의존도는 총자본 중 부채가 차지하는 비율($\frac{B}{B+S}$), 또는 부채비율($\frac{B}{S}$)로 측정하기 때문에, 결국 자본구조를 의미하는 것이 된다.

자본구조이론의 내용은 기업이 부채를 사용하면 자본비용은 어떻게 변하는가를 다루는 것이라고 할 수 있다. 즉, 영업이익이 일정한 상황에서 부채비율이 높아지면 타인자본비용(k_i)과 자기자본비용(k_e)이 각각 어떻게 변화하는지, 이러한 변화의 결과로 가중평균자본비용(k_0)과 기업가치(V)는 어떻게 영향을 받는지를 살펴보는 것으로 요약된다.

자본구조이론의 쟁점은 부채를 사용하면 자본비용은 어떻게 변화하는가를 분석하는 것이다. 부채를 사용하면 유리한 효과와 불리한 효과가 동시에 존재한다.

채권자들은 고정적인 이자를 받기 때문에 주주보다 부담하는 위험이 작다. 위험이 작은 만큼 기대수익률도 낮다. 다시말해 투자자들이 채권을 매입할 때 기대하는 수익률은 주식을 매입할 때 기대수익률보다 낮다. 그런데 투자자의 수익률은 기업에게는 자본비용이므로 타인자본비용이 자기자본비용보다 낮다. 가중평균자본비용은 각 구성비율을 평균한 값이므로 부채를 많이 사용할수록 가중평균자본비용도 낮아진다.

반면, 기업이 부채를 많이 사용하면 주주들은 불안을 느껴서 주식을 매도하려고 하고, 주가가 떨어진다. 주가가 떨어진다는 것은 주식의 기대수익률이 높아진다는 것을 의미한다. 결국 부채를 많이 사용할수록 자기자본비용이 높아지게 되며 가중평균자본비용도 높아지는 결과를 가져온다.

자본구조이론에서 중요한 이론은 모딜리아니와 밀러(MM: Modigliani and Miller)의 1958년 연구이다. MM의 연구는 세금이나 거래비용 등 거래마찰요인이 없는 완전자본시장을 가정해서 이루어진 것이다. 연구결과는 완전자본시장에서는 가중평균자본비용이나 기업가치는 부채를 사용한다고 해도 아무런 영향을 받지 않는다는 것이다. 이를 자본구조 무관련이론(irrelevance theory of capital structure)이라고 한다.

한편, 현실적으로 부채사용은 기업가치에 영향을 준다. 그 이유는 현실은 세금, 거래비용 등이 존재하는 불완전자본시장이기 때문이다. MM은 불완전요인 중에서 법인세를 고려한 자본구조이론을 1963년 발표하였다. 연구결과는 법인세만 고려한다면 부채를 많이 사용할수록 기업가치는 증가한다는 것이다. 이후 MM의 연구결과를 현실에 접근시키기 위해서 법인세 이외의 다른 불완전요인들(파산비용, 대리인비용 등)을 추가로 반영하는 연구가 뒤를 이었다.

2. 완전시장의 자본구조이론

자본시장이 완전하다는 가정 하에서 MM은 1958년에 자본구조무관련이론을 제시하였다. 이는 어떤 기업의 영업현금흐름이 일정한 값으로 주어진 상황이라면 그 기업이 부채를 사용하여 자본구조가 변한다고 해도 기업가치에는 변화가 없다는 것이다. 즉, 영업현금흐름이 변하지 않는다면 자본구조가 바뀌어도 기업가치는 변하지 않는다는 것이다.

부채사용이 가중평균자본비용에 미치는 효과는 두 가지로 정리된다. 첫 번째 효과는 타인자본비용이 자기자본비용보다 낮기 때문에 부채를 사용할수록 총자본 중 타인자본의 비중이 커져서 가중평균자본비용이 낮아지는 유리한 효과이다. 두 번째 효과는 부채를 사용할수록 주주들이 부담하는 위험이 커져서 자기자본비용이 높아지고 이에 따라 가중평균자본비용이 높아지는 불리한 효과이다.

MM은 완전시장에서는 이 두 가지 효과의 크기가 똑같다고 주장하였다. 즉, 부채를 사용할 때 생기는 유리한 효과와 불리한 효과가 상쇄되어 가중평균자본비용은 변하지 않고 일정한 값을 갖게 된다고 하였다.

[그림 8-1]의 (a)는 기업이 부채를 사용하지 않을 경우 기업가치(V_U: unlevered firm value)와 부채를 사용할 경우 기업가치(V_L: levered firm value)의 크기가 항상 동일하다는 것을 보여준다. 이러한 이유는 부채사용의 유리한 효과와 불리한 효과가 상쇄되면서 가중평균자본비용(k_0)이 항상 일정하기 때문인데 (b)는 부채비율의 변동에 따른 가중평균자본비용 값을 보여주고 있다.

$$V_L = V_U \qquad \text{(식 8.2)}$$

$$k_e = k_0 + (k_0 - k_d)\frac{B}{S} \qquad \text{(식 8.3)}$$

[그림 8-1] 완전시장의 자본구조이론

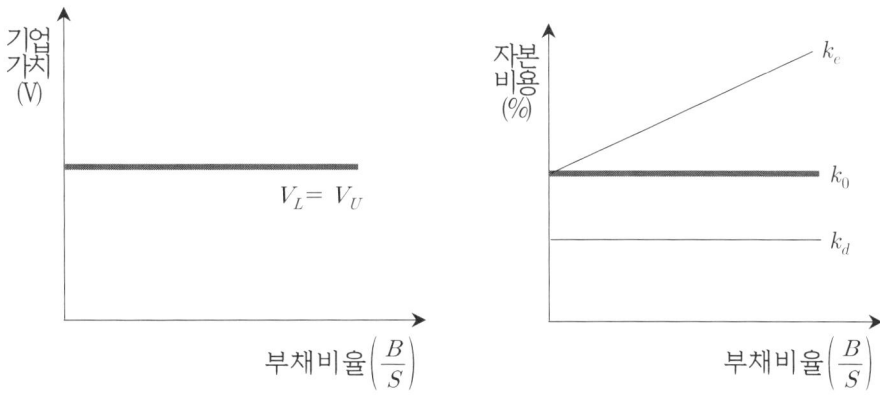

(a) 부채사용에 따른 기업가치의 변화   (b) 부채사용에 따른 자본비용의 변화

3. 불완전시장의 자본구조이론

(1) MM이론: 법인세 고려

부채를 사용해도 기업가치는 변하지 않는다는 자본구조 무관련이론은 비현실적인 완전자본시장을 가정하고 있다. 현실의 자본시장에는 세금이나 거래비용과 같은 불완전요인이 존재하기 때문에 현실적인 자본구조이론을 도출하려면 불완전요인들을 고려해야 한다.

자본구조이론 연구에서 가장 중요하게 고려해야 할 불완전요인은 법인세다. MM은 1958년에 이어 1963년에 새로운 연구를 통해 법인세를 고려할 경우 자본구조무관련이론이 어떻게 달라지는지를 보여주었다.

부채사용의 불리한 효과는 부채를 많이 사용할수록 자기자본비용이 상승하는 것이라고 하였다. 그런데 MM은 1963년 연구에서 법인세가 있는 경우에는 이 불리한 효과가 법인세가 없는 완전시장의 경우보다 더 작아진다고 하였다. 법인세가 있는 경우에 주주는 이자비용의 감세효과를 얻을 수 있기 때문이다. [그림 8-2]에서 자기자본비용을 나타내는 선(k_e)은 [그림 8-1]에 비해 완만해진다. 이것은 법인세가 존재할 때의 불리한 효과가 완전자본시장에서의 불리한 효과보다 작다는 의미이다. 정리하면, 부채사용의 유리한 효과는 그대로인데 부채사용의 불리한 효과가 법인세 때문에 종전보다 작아졌고, 따라서 가중평균자본비용은 부채의존도가 높아질수록 감소하게 된다.

부채를 B만큼 사용하면 부채를 사용하지 않는 경우에 비해서 이자비용의 감세효과 크기인 $k_d B \times t$만큼의 현금유입이 늘어난다. 이러한 부채를 계속 사용한다면 그 크기는 영구연금의 현재가치를 구하는 방식으로 계산할 수 있다. 즉, 부채를 사용하는 경우의 기업가치 V_L은 무부채상태의 기업가치 V_U보다 이자비용의 감세효과의 현재가치($B \times t$)만큼 증가하게 된다. [그림 8-2]는 법인세를 고려한 경우 부채사용에 따른 기업가치와 자본비용의 움직임을 보여주고 있다.

$$V_L = V_U + B \times t \qquad \text{(식 8.4)}$$

$$k_e = k_0 + (k_0 - k_d)(1-t)\frac{B}{S} \qquad \text{(식 8.5)}$$

[그림 8-2] 불완전시장의 자본구조이론: 법인세 고려

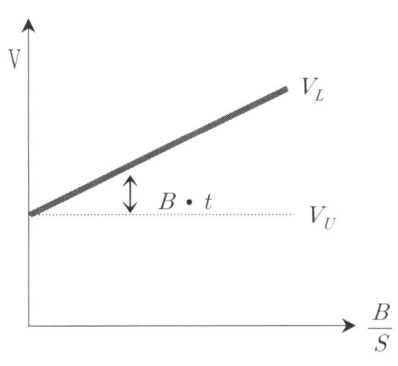
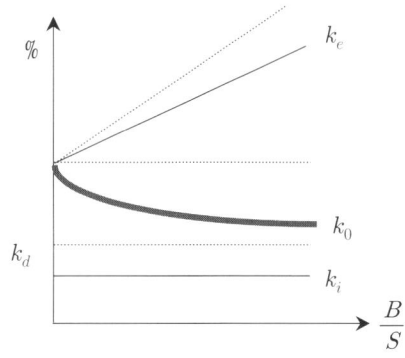

(a) 부채사용에 따른 기업가치의 변화   (b) 부채사용에 따른 자본비용의 변화

(2) 파산비용이론과 대리인비용이론

MM의 자본구조이론에 대한 가장 큰 비판은 완전자본시장에 대한 가정이라고 볼 수 있다. 현실 세계는 불완전자본시장으로 각종 정보의 불균형에 의한 비용문제, 부채사용에 따른 파산비용 등의 발생이 필연적이지만 MM이론은 이를 고려하지 않았다.

파산비용(bankruptcy cost)은 과다한 부채를 사용하는 기업이 부채의 원리금을 상환하지 못해 파산상태에 도달하게 되어 주주, 채권자 이외의 제3자에게 지불해야 하는 여러 가지 비용을 의미한다. 파산비용에는 파산직접비용과 파산간접비용이 있다.

파산비용이론은 부채의 사용은 법인세 감세효과라는 이점 대신 파산비용의 증가라는 불리한 점이 있으므로, 세금절약의 한계이익과 파산비용의 한계비용이 같아지는 수준만큼 부채를 사용할 때 기업가치를 최대로 할 수 있다는 이론이다. 즉, 부채의 조세절감효과와 파산비용 사이의 상충관계(trade-off)에 의해 최적자본구조(optimal capital structure)가 존재할 수 있다는 이론이다.

파산비용이론에 의한 기업가치는 다음 식으로 계산할 수 있다.

$$V_L = V_U + B \cdot t - 파산비용의 현재가치 \quad\quad (식\ 8.6)$$

[그림 8-3]은 부채사용에 따른 파산비용의 변화를 보여주고 있다. 파산비용은 부채사용이 적은 시기에는 증가폭이 크지 않으나, 부채사용이 일정 수준을 넘어서면 급격하게 증가한다. 파산비용의 급증은 법인세 감세효과를 상쇄하지 못하는 수준까지 이를 수 있으며, 그 수준부터 부채사용이 증가할수록 기업가치는 하락하게 된다. [그림 8-4]는 파산비용이론에서 부채사용에 따른 파산비용과 기업가치의 변화를 보여주고 있다. 결국 법인세 감세효과와 파산비용 사이의 상충관계로 최적자본구조가 존재하게 된다.

[그림 8-3] 부채사용에 따른 파산비용 변화

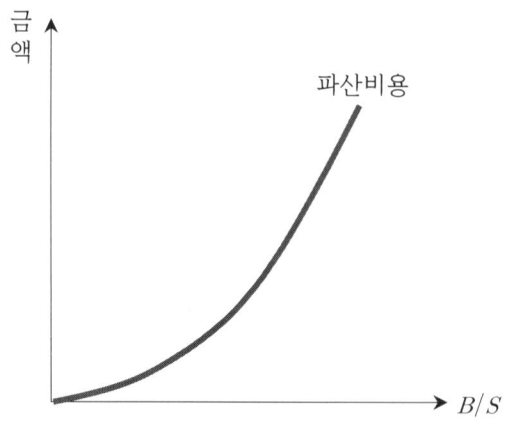

[그림 8-4] 불완전시장의 자본구조이론: 파산비용이론

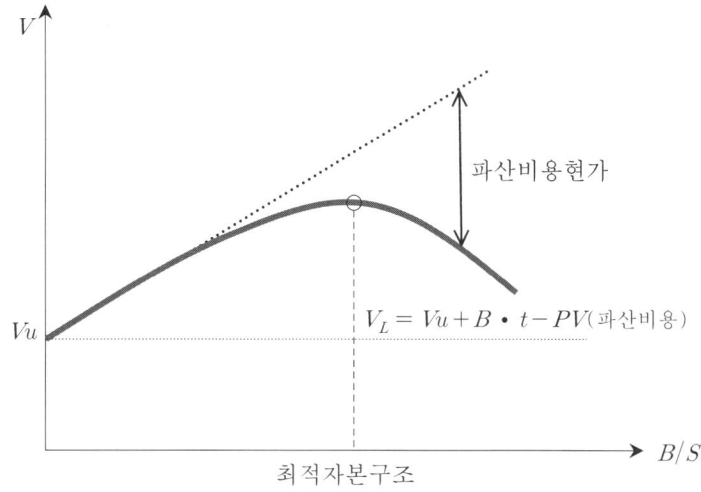

한편, 일반적으로 소유와 경영이 분리되어 있는 상황에서는 정보의 불균형이 존재한다. 이러한 정보의 불균형으로 인해 경영자는 자신의 이익을 극대화할 수 있는 의사결정을 함으로써 기업가치(주주 부) 극대화라는 기업목표와 상충될 수도 있다.

대리인비용(agency cost)이란 주체와 대리인 사이의 상충된 이해관계를 해결, 감소시키기 위하여 발생하는 비용을 말한다. 기업의 대리인비용은 자기자본의 대리인비용(agency cost of equity)과 부채의 대리인비용(agency cost of debt)로 구분된다.

① 자기자본의 대리인비용: 소유경영자인 내부주주(inside stockholder)와 외부주주(outside stockholder) 사이의 대리관계에서 경영자가 자신의 이익을 추구함으로써 발생하는 주주 부의 감소를 말한다.
② 부채의 대리인비용: 경영자가 필요자금을 채권자로부터 조달함으로써 발생하는 대리인비용으로, 타인자본 사용액이 증가함에 따라 증가하고, 외부주주로부터 자본조달액이 증가함에 따라 감소한다.

타인자본 의존도가 심화될수록 자기자본의 대리인비용은 감소하고 부채의 대리인비용은 증대된다. 두 대리인비용이 부채사용에 따라 상충되는 관계이므로 총대리인비용을 최소화하는 자본구조가 존재하게 된다. 결국, 대리인비용이론에서는 법인세나 파산비용이 없는 경제 하에서도 최적자본구조가 존재할 수 있다고 주장한다.

대리인비용이론에 의한 기업가치는 다음 식으로 계산할 수 있다.

$$V_L = V_U + B \cdot t - 대리인비용 \qquad (식\ 8.7)$$

[그림 8-5]는 부채사용에 따라 자기자본(주주)의 대리인비용과 부채의 대리인비용 변화를 각각 보여주고, 양자의 합계인 총대리인비용의 변화를 보여주고 있다. 부채 사용이 증가할수록 자기자본의 대리인비용은 감소하는 반면 부채의 대리인비용은 증가하고 있다. 양자의 합계인 총대리인비용은 적정수준에서 가장 낮게 되며, 이 수준을 최적자본구조라고 할 수 있다. [그림 8-6]는 대리인비용을 감안한 부채사용의 기업가치 변화를 보여주고 있는데, 역시 최적자본구조가 존재하고 있음을 확인할 수 있다.

[그림 8-5] 부채사용에 따른 요소별 대리인비용 변화

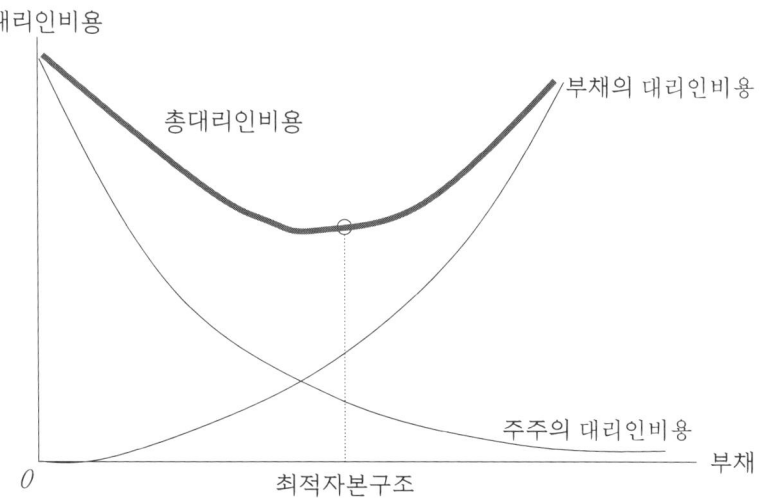

[그림 8-6] 불완전시장의 자본구조이론: 대리인비용이론

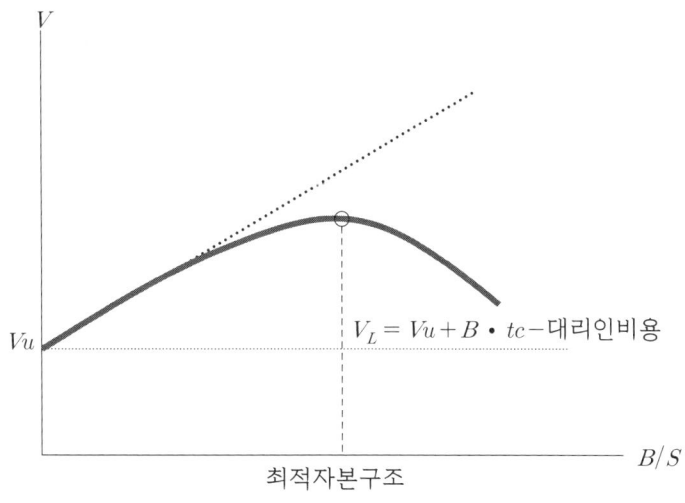

파산비용과 대리인비용 모두 일정 수준까지는 부채사용의 유리한 효과가 더 크지만, 이 수준을 넘어가면서 부채사용의 불리한 효과가 더 커지게 된다

고 본다. 부채사용의 유리한 효과가 사라지는 시점에서 가중평균자본비용이 가장 낮고 기업가치는 가장 커지는데, 이 때의 부채비율을 최적자본구조(optimal capital structure)라고 할 수 있다.

제9장. 파생상품1: 선물

(주요 내용)

○ 파생상품의 정의, 종류

○ 현물거래 vs. 선도거래

○ 선물거래의 특징

○ 현물가격과 선물가격: basis, convergence

○ 선물거래의 만기손익: zero-sum game

1. 파생상품의 정의와 종류

파생상품(derivatives)은 해당 상품의 가치가 다른 상품(기초자산, 1차자산)의 가격에 의해 결정되는 상품으로, 2차상품, 변형상품으로도 불린다. 파생상품은 곡물 등 상품(commodity)을 대상으로 먼저 시작되었으나, 이후 이자율, 환율, 주식(주가) 등 금융상품에서 활용되면서 크게 발전하였다.

파생상품은 기초자산(underlying asset)을 다양한 기법으로 파생시켜 만든 상품으로, 기초자산의 가격변동에 따라 가격이 결정된다. 기초자산이 상품(곡물, 원자재 등)이면 상품파생(commodity derivatives), 기초자산이 금융자산(환율, 금리, 주가 등)이면 금융파생(financial derivatives)이라 한다.

파생상품에는 선물, 옵션, 스왑 등이 있는데, 기초자산에서 파생되었다는 공통점을 가지고 있다. 즉, '사과'라는 동일한 기초자산(상품)을 바탕으로 다양한 상품파생상품(사과선물, 사과옵션, 사과스왑 등)이 등장할 수 있으며, '주식'이라는 기초자산(금융자산)을 바탕으로 주식선물, 주식옵션, 주식스왑 등의 다양한 금융파생상품을 만들 수 있다.

〈표 9-1〉 기초자산과 파생상품

파생상품 / 기초자산	선물	옵션	스왑
상품(원유, 금)	상품 선물	상품 옵션	상품 스왑
주식	주식 선물	주식 옵션	주식 스왑
외환	외환 선물	외환 옵션	외환 스왑
이자율	이자율 선물	이자율 옵션	이자율 스왑

파생상품은 이미 여러 분야에서 현물(기초자산) 거래량을 능가하였으며,

최근에는 통계, 수학 등을 활용한 첨단기법의 접목으로 옵션과 선물, 옵션과 옵션, 옵션과 스왑 등 파생상품의 조합을 통한 복합파생상품, 기업 및 국가 신용도를 대상으로 하는 신용파생상품, 날씨, 탄소배출권을 대상으로 하는 파생상품 등 취급대상이 다양하게 확대되고 있다.

파생상품은 기초자산, 거래장소, 거래형태 등 어떤 기준으로 분류하는가에 따라 다양한 종류로 나눌 수 있다.

기초자산에 따라 파생상품을 분류하면 상품파생과 금융파생으로 분류할 수 있다. 상품파생은 곡물, 원자재 등 상품을 기초자산으로 한다. 반면, 금융파생은 환율, 금리, 주식 등 금융자산을 기초자산으로 한다.

거래되는 장소에 따라 파생상품은 장내파생과 장외파생으로 구분할 수 있다. 장내파생상품은 공인된 거래소에서 거래조건을 표준화하고 거래상대방의 신용위험을 제거하여 거래의 안정성을 확보한다. 반면, 장외파생상품은 거래소에서 거래되는 상품 이외의 파생상품이다. 거래조건이 표준화되어 있지 않아 거래자의 필요에 따라 자유롭게 변형이 가능하다는 장점이 있다. 그러나 거래상대방의 거래불이행과 같은 신용위험이 있어 거래의 안정성이 떨어진다는 단점이 존재한다.

거래형태에 따라서는 선물, 옵션, 스왑 등으로 분류된다. 선물은 장래 특정시점의 환율, 금리, 주가지수 및 상품을 현시점에서 거래하기로 약속하는 계약이다. 옵션은 장래 특정시점(일정기간 동안)에 지정된 자산을 미리 정한 조건으로 매매할 수 있는 권리를 사고 파는 계약이다. 스왑은 계약 당사자의 특정 자산 및 부채를 일정기간 동안 정해진 조건으로 교환하는 계약이다.

기초자산에서 파생된 새로운 개념의 상품이라는 측면에서, 스톡옵션, 주가연동 금융상품(ELS, ELD, ELF), 주식워런트증권(ELW), 전환사채(CB), 신주인수권부사채(BW), 교환사채(EB) 등도 새롭게 등장한 파생상품으로 분류할 수 있다.

<표 9-2> 다양한 파생상품

파생상품	상품 성격
스톡옵션 (stock option)	임직원에게 회사의 주식을 사전에 정해진 가격으로 살 수 있는 권리를 급여(상여금)의 일부로 지급한 것
주가연동증권 (ELS, ELD, ELF)	사전에 정해진 이자를 제공하는 일반 예금상품과 달리 주가의 변동 폭에 따라 이자액이 달라지는 상품 가입처별 이름 다름: 은행(ELD), 증권사(ELS), 펀드(ELF)
주식워런트증권 (ELW)	개별주식(또는 주가지수)과 연계해 매매시점과 가격을 정한 뒤 약정 방법에 따라 주식(또는 현금)을 매매할 수 있는 권리가 주어진 증권
전환사채 (CB)	기본적 채권에 투자자가 원할 경우 채권이 없어지고 발행기업의 주식을 받는 유가증권
신주인수권부사채 (BW)	채권에 발행기업 신주를 인수할 수 있는 권리증 첨부 권리 행사시 발행기업 주식 교부받을 수 있는 상품
교환사채 (EB)	전환사채와 비슷. 단, 발행기업의 주식 또는 회사가 보유 중인 다른 회사의 주식을 받을 수 있다는 차이점

2. 거래의 방법

우리는 필요한 상품을 시장에서 현재 거래되는 가격을 지불하고 구입하며, 이러한 거래를 현물거래(spot trading)라고 한다. 현물거래는 가격의 지불과 물건의 이동이 동일한 시점에서 이루어진다. 이 때 거래되는 가격을 시장가격으로 부르며, 수요와 공급에 따라 결정된다.

만약, 철수가 사과 1상자가 필요하다고 가정하자. 철수는 시장에서 현재 사과 1상자의 가격(10만원)을 지불하고 사과를 구매한다. 한편, 사과 농사를 하는 지호는 수확한 사과를 현재 시장가격에 따라 시장에서 판매한다. 철수와 지호가 하는 것이 현물거래이며, 일반적으로 이루어지는 거래이다.

그런데, 철수가 사려는 사과 1상자가 현재 시점이 아닌 1년 후에 필요하다고 가정하자. 이 경우 철수가 사과 현물거래를 하려면, 지금은 아무 것도 하지 않고 1년이 지난 후 그 시점의 시장가격으로 사과 1상자를 구입하게 될 것이다. 그런데 문제는, 현재 시점에서 1년 후 사과 1상자의 가격을 알 수 없다는 것이다. 만약 철수가 1년 후에도 현재 사과 1상자의 가격인 10만원이 유지될 것으로 가정하고 10만원을 준비했는데, 사과 1상자 가격이 1년 후 20만원으로 올라갔다면 어떻게 할까? 보유한 자금으로는 사과 반상자밖에 구매할 수 없게 된다.

동일한 문제는 매수자인 철수뿐만 아니라 매도자인 지호에게도 발생할 수 있다. 지호는 1년 후 사과를 판매할 예정인데, 그 시점의 사과 1상자의 가격은 얼마가 될까? 지금 현재 사과 1상자의 가격인 10만원이 유지될까? 만약 1년 후 사과 1상자의 가격이 5만원으로 떨어진다면 어떻게 할까? 지호가 받을 수 있을 것으로 예상했던 10만원이 5만원으로 줄어들게 된다.

결국 거래가 현 시점이 아닌 미래에 이루어질 경우, 매수자와 매도자는 모두 불확실성에 노출된다. 매수자는 미래 시장가격이 상승할 경우, 매도자는 미래 시장가격이 하락할 경우 손해를 입게 될 것이다. 물론 반대의 경우 이익을 얻겠지만 역시 불확실성에 노출된다는 점은 동일하다. 이러한 불확실성을 막을 수 있는 방법은 없는 것일까?

[그림 9-1] 현물거래의 가격변동 위험: 미래 시점에 거래 발생

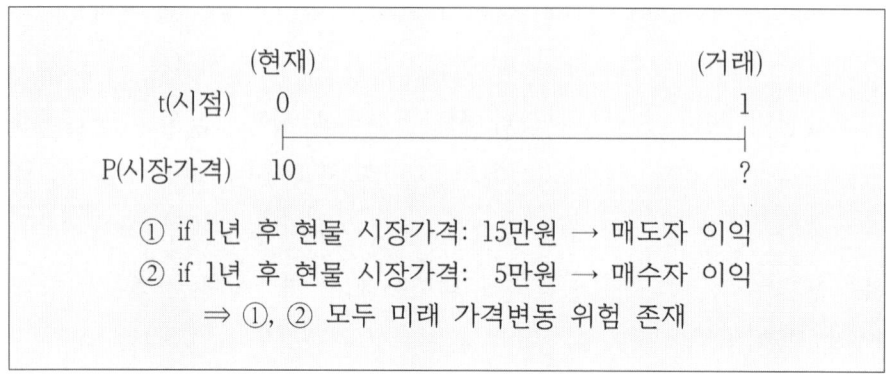

위 예처럼 거래가 미래에 이루어질 경우 매수자와 매도자는 미래 가격이 변동함으로써 발생하는 위험에 직면하게 된다. 이와 같은 미래 가격변동 위험을 막기 위해 선도거래(forward trading)가 등장하였다.

선도거래는 현재 시점에서 미래의 거래 가격을 약속(약정)하고 1년 후 시장가격이 얼마가 되던 간에 정해진 가격으로 거래를 이행하는 계약을 말한다. 이러한 선도거래는 현물거래에서 발생하는 미래 가격변동 위험을 제거할 수 있다는 장점이 존재한다. 즉, 사과 매수자(철수)와 사과 매도자(지수)가 1년 뒤 사과 1상자를 10만원에 거래하기로 약속하는 선도거래를 체결했다고 가정하자. 이 경우 1년 후 사과 1상자의 시장가격(현물가격)과 무관하게 철수와 지수는 안정적으로 사과를 구매/판매할 수 있게 된다.

그러나, 선도거래에는 세 가지 단점이 존재한다. 첫째, 거래 상대방을 찾기 힘들다. 선도거래는 1:1의 개인간 거래이기 때문에 매수자와 매도자 모두 자신과 거래를 할 상대방을 찾는 데 어려움을 겪을 수 있다. 둘째, 계약이 비표준화 되어있다. 예를 들어 사과 매수자인 철수가 원하는 상품은 '1등급 부사 20kg 1상자'이지만, 사과 매도자인 지수가 보유한 상품은 '1+등급 감홍 10kg 1상자'일 경우 실제 거래가 이루어지기 쉽지 않다. 마지막 세 번째 단점은 계약파기 위험이 존재한다는 것이다. 만약 현 시점에서 철수와 지수가 1년 뒤

사과 1상자를 10만원에 매매하기로 약속했다고 가정하자. 그런데 1년 후 사과 1상자의 시장가격이 15만원이 된다면 어떤 일이 발생할까? 지수는 굳이 철수에게 사과를 팔 필요 없이 시장에서 현 시세대로 판매를 해 15만원의 수입을 얻고 싶어할 것이다. 결국 매도자가 계약을 파기하려고 할 것이다. 반면, 1년 후 사과 1상자의 시장가격이 5만원이 된다면 철수는 굳이 지수에게 사과를 살 필요 없이 시장에서 현 시세대로 5만원에 싸게 사과를 매수하고 싶을 것이다. 결국 매수자가 계약을 파기하려고 하게 된다. 특히 1:1의 개인 간 거래라는 점에서 계약파기 위험은 더욱 심해질 수 있다.

이러한 선도거래(forward trading)의 단점을 보완하기 위해 성격은 유사하지만 새롭게 등장한 거래가 선물거래(futures trading)이다.

3. 선물거래의 특징

선물거래는 선도거래와 다른 4가지 특징을 가지고 있다:
① 거래소의 존재 ② 표준화된 계약 ③ 증거금 제도 ④ 일일정산 제도

거래 상대방을 찾기 어려웠던 선도거래와 달리 선물거래는 일정한 장소(거래소)와 설비를 만들어 선물거래를 하려는(매수, 매도) 사람들이 쉽게 매매할 수 있도록 한다. 우리나라의 한국거래소(KRX), 미국의 시카고선물거래소(CBOT), 시카고상업거래소(CME), 영국의 런던국제금융선물거래소(LIFFE), 독일의 선물거래소(EUREX) 등이 있다.

계약이 비표준화 되어 매번 계약조건을 조정해야 하는 선도거래와 달리 선물거래는 모든 계약(거래방법, 계약단위, 만기일 등)을 표준화시켜 누구나 쉽게 거래할 수 있도록 하였으며, 이러한 계약조건의 표준화는 거래소가 규정한다.

선도거래의 주요 위험인 계약파기 위험을 제거하기 위해 선물거래는 증거금 제도와 일일정산 제도를 만들었다. 증거금(margin)은 계약당사자로부터 징수하여 예치한 자금을 의미한다. 증거금에는 최초에 납부하는 증거금인 개시증거금(initial margin)과 선물계약이 계속 유지될 수 있도록 하는 기준이 되는 유지증거금(maintenance margin)이 있다.[1]

만기 시점에 정산이 1번 이루어지는 선도거래와 달리 선물거래는 정산이 매일 이루어지는데 이를 일일정산(daily marking to market) 제도라고 한다. 예를 들어 9월 1일에 삼성전자 주식선물 1계약을 100만원에 매수하였다고 가정하자(만기는 3개월 후이며, 개시증거금은 거래액의 10%, 유지증거금은 거래액의 8%라고 가정). 이 경우 선물 매수자는 계약 총액인 100만원까지 필요하지 않고, 개시증거금인 10만원만 계좌잔고에 입금하면 계약이 체결된다. 다음날인 9월 2일 주식선물 가격이 1만원 상승하면 선물 매수자의 선물계좌에는 1만원이 바로 입금된다(계좌잔고 11만원). 9월 3일 주식선물 가격이 2만원 하락하면 선물 매수자의 계좌에서 2만원이 출금된다(계좌잔고 9만원). 계좌잔고가 개시증거금 이하로 떨어졌지만 선물계약은 계속 유지된다. 9월 4일 주식선물 가격이 2만원 하락하면 다시 선물 매수자의 계좌에서 2만원이 출금된다(계좌잔고 7만원). 9월 4일 주식선물 매수자의 계좌잔고는 유지증거금(8만원) 밑으로 내려가게 되었는데, 이 시점에서 주식선물 매수자는 중계회사(증권사)로부터 계좌잔고를 개시증거금 수준까지 다시 납입하라는 연락을 받게 된다. 이를 마진 콜(margin call)이라고 한다. 만약 추가증거금 납입을 제대로 이행하지 못하면 증권사는 선물 매수자의 포지션을 청산하고 계약을 강제로 종료시킨다. 〈표 9-3〉은 선도거래와 선물거래의 차이점을 비교하고 있다.

---

[1] 개시증거금의 액수는 매매하려는 선물계약의 1일 가격변동 허용폭과 크기가 비슷한데, 이것은 선물계약의 대상이 되는 상품 가격과 비교할 때는 적은 금액이라고 할 수 있다.

<표 9-3> 선도거래와 선물거래의 비교

구분	선도거래	선물거래
계약단위	당사자간 합의결정	표준화
결제일	당사자간 합의결정	표준화
증거금	원칙적으로 없음	소정금액 납부
거래장소	장외(거래소 밖)	장내(거래소)
거래시간	아무 때나(24시간)	거래소 개장시간
결제	대부분 만기결제	대부분 반대거래

선물거래에 참여하는 사람은 거래목적에 따라 세 부류로 구분할 수 있다: ① 헤지거래(hedge) ② 투기거래(speculation) ③ 차익거래(arbitrage)

헤지거래는 위험을 제거하려는 목적으로 선물거래를 하는 것이다. 영업과정에서 불가피하게 발생하는 금, 환율 등의 미래 가격변동 위험을 피하기 위해 거래에 참여하게 된다. 현재 살고 있는 집을 매각하고 1년 후 미국으로 이민을 가려는 사람은 매각대금을 받을 때까지 환율이 급등할 경우 손해를 보게 된다. 이를 피하기 위해 달러선물 매입을 통해 1년 뒤의 달러를 미리 사두는 경우가 이에 해당한다.

투기거래는 위험을 추구하는 목적으로 선물거래를 하는 것이다. 앞으로 주가가 상승할 것으로 예상하고 주가선물을 매입하며, 이는 위험을 회피하는 것이 아니라 위험을 부담하더라도 수익을 얻기 위해 선물거래를 하게 된다. 물론 주가선물을 매입한 투자자는 본인의 예상과 달리 주가가 하락한 경우에는 손실을 볼 수 있다.

차익거래는 다른 누군가가 물건을 적정가격보다 싸게 팔면 신속하게 사서 적정가격에 팔아 위험없이 차익을 노리려는 목적으로 선물거래를 하는 것이다. 예를 들어 채권 현물가격에 비해 일시적 요인을 선물가격이 높게 거래되고 있으면 가격이 상대적으로 싼 현물 매입과 동시에 가격이 상대적으로 비싼 선물을 매도하여 위험을 부담하지 않고 선물거래 청산시에 차익을 얻을 수 있다. 차익거래가 활발히 이루어지는 시장에서는 시장가격이 왜곡되었을 때 신속하게 균형을 회복하게 된다.

4. 현물가격과 선물가격

파생상품인 선물의 등장으로 인해, 동일한 기초자산에는 2가지의 가격(현물가격, 선물가격)이 존재한다. 동일 시점에서 두 가격은 차이를 보이는 경우가 일반적이며, 대개의 경우 선물가격이 현물가격보다 높게 형성된다. 이러한 상태를 콘탱고(contango)라고 부른다. 반면, 선물가격이 현물가격보다 낮게 형성되는 경우를 백워데이션(backwardation)이라고 한다.

선물가격(F)과 현물가격(S)의 차이를 베이시스(basis)라고 한다. 즉, 콘탱고는 베이시스가 (+)인 상황이며, 백워데이션은 베이시스가 (-)인 상황을 의미한다. 선물가격과 현물가격은 유사하지만 각자의 움직임을 가지게 되는데, 만기 시점에는 선물가격과 현물가격이 일치하게 된다. 즉, 만기일에는 베이시스가 0이 되며, 수렴(convergence)한다고 말한다. [그림 9-2]는 베이시스와 수렴 현상을 보여주고 있다.

[그림 9-2] 현물가격과 선물가격의 움직임: 베이시스와 수렴 현상

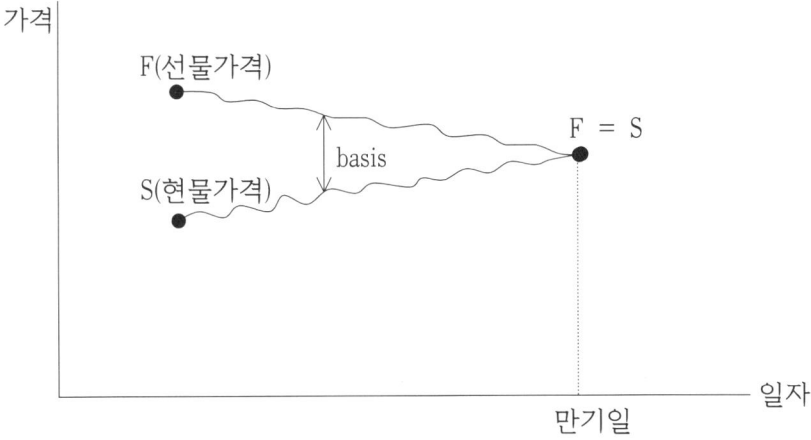

선물은 파생상품으로써, 기초자산 거래(현물)에서 파생된 것이다. 즉, 현물시장에 의해 선물시장이 영향을 받는 것이 일반적이다. 그러나, 파생상품 시장의 성장으로 선물거래가 성장하면서, 선물시장이 현물시장에 더 큰 영향을 주는 현상이 자주 발생하게 된다. 이러한 현상을 꼬리가 몸체를 흔든다는 의미의 'wag the dog'이라고 부른다.

5. 선물거래의 만기손익

선물을 매입한다고 선물가격을 지급하는 것이 아니다. 선물은 대가(프리미엄)없이 거래하는 것이다. 선물가격이 10만원인 사과선물을 매입한 철수가 선물을 매수할 때는 매입약속만 하면 된다. 선물가격 10만원은 1년 후 만기 시점에 사과를 받으면서 지급하는 것이다.

철수가 만기까지 사과선물을 보유하고 있다고 가정하자. 이 경우 만기에

철수는 만기의 사과 현물가격(S_t)이 10만원(X)보다 크면 큰 만큼 이익을 보고, 10만원보다 작으면 작은 만큼 손실을 보게 된다. 따라서 선물 매수자의 만기 손익을 식으로 나타내면 (S_t-X)가 되며, [그림 9-3]의 (a)로 나타낼 수 있다.

선물거래는 무조건 이행해야 하는 약속이라는 특징을 가지고 있다. 즉, 선물은 만기 시점에 반드시 계약을 이행해야 하기 때문에 이익이 발생할 수도, 손실이 발생할 수도 있다.

한편, 선물을 매도한 사람은 선물을 매입한 사람과 반대의 입장에 있다. 즉, 만기에 현물자산을 넘겨주면서 선물가격에 해당하는 돈을 받게 된다. 따라서 [그림 9-3]의 (b)와 같이 매입한 사람의 손익(a)을 반대로 해서 손익을 나타낼 수 있다.

[그림 9-3] 선물 거래자의 만기 손익

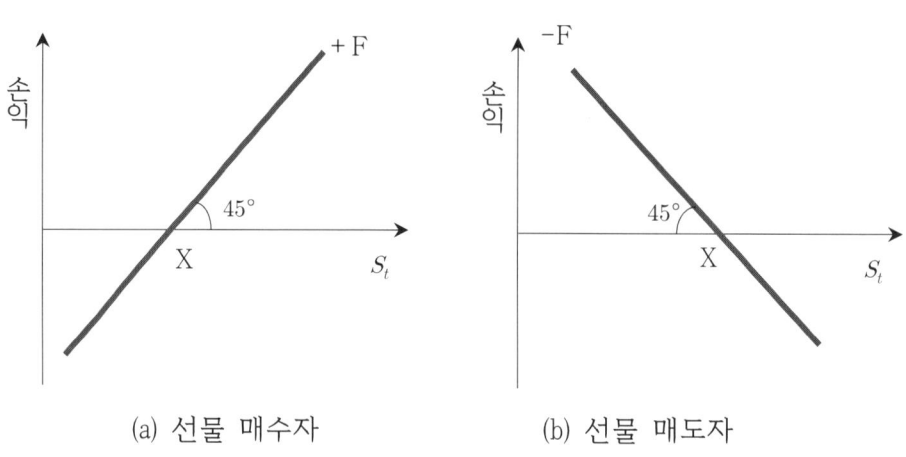

(a) 선물 매수자   (b) 선물 매도자

만기시점의 현물가격(S_t)이 얼마가 되던 간에 동일한 현물가격에서 선물 매수자의 손익과 선물 매도자의 손익은 어떻게 될까? [그림 9-3]과 같이 선물 매수자가 +2만원의 이익을 얻었다면 선물 매도자는 -2만원의 손실을 보게 되며, 선물 매수자가 -4만원의 손실을 보았다면 선물 매도자는 +4만원의 이익을 얻게 된다. 만기시점의 현물가격(S_t)이 얼마가 되던 간에 선물 매수자의 손익과 선물 매도자의 손익 합계는 항상 0이 되며, 이를 제로섬 게임(zero-sum game)이라고 한다. 선물뿐만 아니라 옵션, 스왑 등 파생상품의 매수자와 매도자의 만기손익 합계는 항상 0이 된다는 특징을 가진다.

[그림 9-4]는 선물 매수자(+F)와 선물 매도자(-F)의 손익 합계(+F-F)를 보여주고 있다. 만기시점의 현물가격이 얼마가 되던 양자의 손익 합계는 항상 0이 된다.

[그림 9-4] 제로섬 게임: 선물 매수자와 매도자의 손익 합계

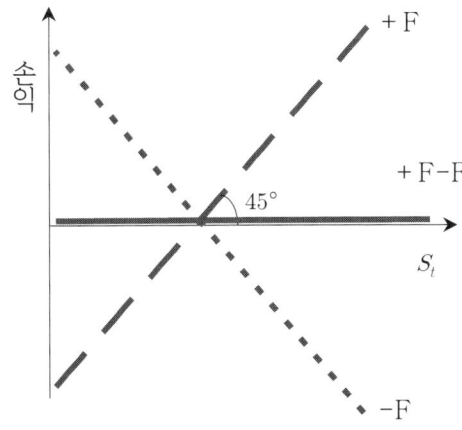

에듀컨텐츠·휴피아
CH Educontents Huepia

제10장. 파생상품2: 옵션

(주요 내용)

- 옵션의 정의, 종류
  - 콜옵션 vs. 풋옵션, 매수 vs. 매도

- 옵션 만기손익: zero-sum game

- 옵션을 활용한 투자전략

1. 옵션의 정의, 종류

옵션(option)은 '특정 대상(자산)을 정해진 시점에 정해진 가격으로 매매할 수 있는 권리'를 의미한다. 옵션은 파생상품이라는 점에서 선물과 유사하지만, 세부 내용에서 차이가 존재한다. 선물은 반드시 계약을 지켜야 하는 약속인 반면, 옵션은 유리한 경우에 행사할 수 있는 권리라는 점에서 가장 큰 차이점을 가지고 있다.

옵션거래에서는 '기초자산(underlying asset), 만기(maturity date), 행사가격(exercise price)'이라는 전문용어가 등장한다. 기초자산은 옵션에서 매매하는 대상을 말한다. 옵션의 기초자산이 될 수 있는 대상은 주식의 가격, 주가지수, 환율, 금리 등의 경제 지표가 있다. 또한, 기업의 신용(credit), 금·원유 등의 상품, 날씨(온도)나 이산화탄소 배출권 등과 같이 다양한 계량적 지표도 기초자산이 될 수 있다.

기초자산을 특정가격에 사거나 팔 수 있는 권리는 기한없이 무한정 제공할 수는 없다. 따라서 계약 시점에서 권리의 유지기간 및 종료시점을 정하게 되며, 권리행사가 가능한 기한을 옵션의 만기라 한다. 기초자산을 사고 팔기로 정한 특정가격은 행사가격이라고 한다.

전문용어를 사용해 옵션거래를 정의하면 다음과 같다. '기초자산을 만기에 행사가격으로 매매할(사고 팔) 수 있는 거래'

옵션은 분류방식에 따라 5가지로 나누어지며, 콜옵션과 풋옵션이 옵션의 종류 중 가장 기본적이며 중요한 개념이다.
  ① 콜옵션, 풋옵션: 특정자산을 살 수 있는 권리가 부여된 계약을 콜옵션(call option), 특정자산을 팔 수 있는 권리가 부여된 계약을 풋옵션(put option)이라 한다.
  ② 유럽식옵션, 미국식옵션: 권리행사 시점에 따라 옵션 만기일에만 권리

행사가 가능한 옵션을 유럽식옵션, 옵션 만기일 이전에 아무 때나 권리행사가 가능한 옵션을 미국식옵션이라 한다.

③ 상품옵션, 금융옵션: 기초자산이 실물상품인 옵션을 상품옵션, 기초자산이 금융상품인 옵션을 금융옵션이라 한다.

④ 내가격옵션, 등가격옵션, 외가격옵션: 내재가치에 따라 권리행사를 할 경우 매수자에게 이익이 발생하는 옵션을 내가격옵션(ITM: In-the-money Option), 시장가격과 행사가격이 같은 옵션을 등가격옵션(ATM: At-the-money Option), 권리행사를 할 경우 매수자에게 손실이 발생하는 옵션을 외가격옵션(OTM: Out-of-the-money Option)이라 한다.

⑤ 장내옵션, 장외옵션: 거래 장소에 따라 정규거래소에 상장되어 거래되는 옵션을 장내옵션, 은행이나 증권사 등 전문딜러가 발행하고 거래소 밖에서 거래되는 옵션을 장외옵션이라 한다.

위 구분 중 가장 핵심이 되는 옵션의 종류는 콜옵션과 풋옵션으로, 콜옵션과 풋옵션을 다시 한번 정의해보자. '기초자산을 만기에 행사가격으로 살 수 있는 권리'를 콜옵션으로, '기초자산을 만기에 행사가격으로 팔 수 있는 권리'를 풋옵션으로 정의할 수 있다.

> 7월 1일 현재 대한전자 주식가격은 20만원이다. 그런데, 이 주식을 1년 후에 25만원에 살 수 있는 옵션이 시장에서 1만원에 거래되고 있다.

지금까지 배운 개념을 기준으로 위 거래를 살펴보면, 대한전자 주식은 1년 후에 옵션을 행사해서 살 수 있는 기초자산이 되고, 1년 후 주식을 살 수 있는 가격 25만원은 행사가격이 된다. 대한전자의 현재주가가 20만원으로 행사가격 25만원보다 낮지만, 1년 후 시점에서 주가가 25만원을 넘을 수 있다. 따라서 이러한 옵션은 경제적 가치가 있다. 경제적 가치가 있는 만큼 옵션도 일정 가격을 지불하고 구입해야 하며, 1만원이 옵션가격(옵션 프리미엄)이 된다.

특정 기초자산을 기준으로 할 때 선물은 종류가 없는 반면, 옵션은 콜옵션과 풋옵션의 두 가지 종류가 등장한다. 따라서 선물 거래에서는 선물 매수자(buyer, long position)와 선물 매도자(seller, short position) 두 종류의 거래자가 등장하지만, 옵션 거래에서는 콜옵션 매수자, 콜옵션 매도자, 풋옵션 매수자, 풋옵션 매도자 4명이 등장하게 된다. 〈표 10-1〉은 옵션거래에서 등장하는 4가지 유형의 거래자를 설명하고 있다.

〈표 10-1〉 콜옵션과 풋옵션의 매수/매도자 비교

옵션 매수자 (buyer, long position)	옵션 종류	옵션 매도자 (seller, short position)
기초자산을 만기일에 행사가격으로 살 수 있는 권리를 매수하는 사람	콜옵션 (call)	기초자산을 만기일에 행사가격으로 살 수 있는 권리를 매도하는 사람
기초자산을 만기일에 행사가격으로 팔 수 있는 권리를 매수하는 사람	풋옵션 (put)	기초자산을 만기일에 행사가격으로 팔 수 있는 권리를 매도하는 사람

*유럽형 옵션 기준: 옵션 만기일에만 행사 가능

2. 옵션 만기손익

옵션이 선물 등 다른 파생상품과 구분되는 가장 큰 차이점은 매수자가 의무 없이 권리만 갖는다는 점이다. 그런데 그 권리는 확정된 이익을 보장하는 것이 아니라 어떤 조건이 충족되어야 이익을 볼 수 있는 권리이다.

1년 후 대한전자 주식을 25만원에 살 수 있는 옵션(콜옵션)을 1만원에 매수한 사람이 있다고 가정하자. 이 사람이 1년 후에 옵션을 행사할지 여부는 옵션을 행사하여 유리한 점이 있는가에 따라 좌우된다. 즉, 만기에 대한전자 1주의 시장가격이 25만원보다 높은 경우에는 옵션을 행사(1만원에 매입)하여 시장에서 대한전자 주식을 매도하면 차액만큼 이익이 된다. 다시말해 콜옵션 행사조건은 '만기 기초자산 시장가격>행사가격'이다. 반대로 대한전자 시장가격이 25만원 이하인 경우에는 옵션을 행사할 필요없이 시장에서 대한전자 주식을 직접 매수하면 된다.

위 거래의 손익분기점(break-even point)은 얼마일까? 만기 대한전자 주식이 26만원이 되어야 옵션을 행사하여 얻는 이익이 1만원이 되어 매입비용 1만원을 감안한 손익분기점이 된다. 여기서 손익분기점은 옵션 행사여부와는 다르다. 대한전자 주식이 25.5만원인 경우 손익분기점에는 미치지 못하지만 행사하는 것이 5천원 유리하다. 이미 지급한 1만원의 비용은 옵션을 행사하지 않는다고 다시 돌려받을 수 없으므로 콜옵션을 행사하여 5천원이라도 비용을 회수하는 것이 유리하다.

한편, 25만원에 팔 수 있는 권리인 풋옵션을 매수한 사람은 대한전자 주식이 하락하기를 바랄 것이다. 만기시 대한전자 주식이 25만원 이하로 하락할수록 풋옵션을 행사하여 얻는 수익이 커진다. 〈표 10-2〉는 옵션 종류에 따른 행사 이익을 보여주고 있다.

〈표 10-2〉 옵션 종류에 따른 행사 이익

	행사 조건	행사 이익	옵션 손익분기점
콜옵션	시장가격 > 행사가격	시장가격 - 행사가격	행사이익 - 옵션구입비용
풋옵션	시장가격 < 행사가격	행사가격 - 시장가격	

위에서 예를 든 대한전자 콜옵션이 1년 후 얼마의 가치를 갖는가를 그래프로 살펴보자. 만기주가, 즉 1년 후 대한전자 주식가격이 현재와 마찬가지로 20만원이라고 하자. 만약 이 때 콜옵션을 행사한다면 시장에서 20만원에 살 수 있는 주식을 25만원 주고 사는 것이므로 5만원만큼 손실이 된다. 그런데 이렇게 만기주가가 행사가격보다 낮은 수준이면 옵션을 행사하지 않을 것이므로, 이 경우 콜옵션은 경제적 가치가 없으므로 가치는 0이 된다.

콜옵션 행사로 이익이 생기는 것은 만기주가가 행사가격을 넘으면서부터이다. 만기주가가 30만원이면 5만원(=30-25)만큼, 만기주가가 35만원이면 10만원(=35-25)만큼 이익이 발생한다. 만기주가수준(S_t)에 대응해서 콜옵션의 만기가치(C_t)를 표로 나타내면 〈표 10-2〉의 두 번째 줄에 해당된다.

이러한 콜옵션을 매수한 사람의 만기손익은 어떻게 될까? 옵션은 경제적 가치가 있는 것이므로 콜옵션의 현재가격인 1만원을 지불해야 한다. 그리고 옵션은 만기가 되면 권리가 없어지므로 옵션을 매수한 사람의 만기손익 계산 시에는 콜옵션의 만기가치에서 옵션가격까지 빼야 한다. 만기손익 값은 〈표 10-3〉의 세 번째 줄에 표시된다.

〈표 10-3〉 콜옵션 만기가치

만기주식가격(S_t)	15	20	25	30	35
만기옵션가치(C_t)	0	0	0	5	10
만기손익	-1	-1	-1	4	9

지금까지의 내용을 그림으로 나타내면 [그림 10-1]과 같다. 우선 콜옵션의 만기가치를 만기 주가수준에 대응해서 나타내면 [그림 10-1]의 실선으로 표시된다. 이러한 콜옵션을 매수한 사람의 만기손익은 옵션가격만큼 빼야 하기 때문에 그림에서 점선으로 나타난다.

이번에는 위 내용에서 확인된 콜옵션의 만기가치(C_t)를 수식으로 표시해보자. 콜옵션의 만기가치는 만기주가(S_t)가 행사가격(X)보다 낮으면 0이고, 만기주가가 행사가격보다 높으면 만기주가에서 행사가격을 차감한 값이 되는 것을 알 수 있다. 이를 수식으로 다음과 같이 표시할 수 있다.

만기주가(S_t) ≤ 행사가격(X) 이면 $C_t = 0$
만기주가(S_t) > 행사가격(X) 이면 $C_t = S_t - X$

이는 간단하게 다음 식으로 표시된다.

$$C_t = \max[0, S_t - X] \qquad (식\ 10.1)$$

[그림 10-1] 콜옵션 만기가치

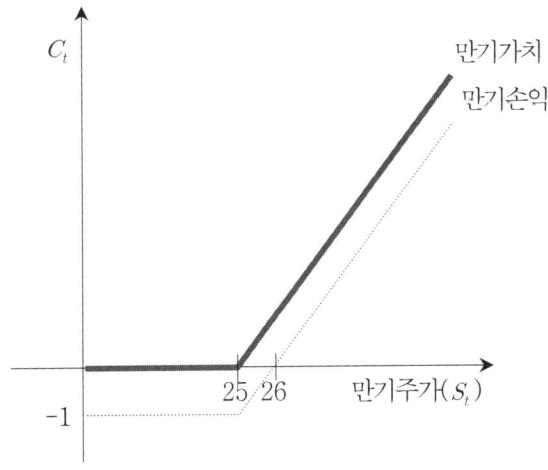

이번에는 위 콜옵션과 같은 조건을 갖는 풋옵션을 고려해보자. 풋옵션은 기초자산을 만기에 행사가격으로 팔 수 있는 옵션이다. 1년 후 대한전자 주식

을 25만원에 팔 수 있는 풋옵션은 만기에 얼마의 가치를 갖게 될까?

대한전자의 1년 후 주가(만기주가)가 20만원이라고 하자. 이 경우 풋옵션을 행사한다면 20만원짜리 주식을 25만원에 파는 것이므로 5만원(=20-25)만큼 이익이 된다. 만약 만기주가가 30만원이라고 할 때, 풋옵션을 행사하면 30만원짜리 주식을 25만원에 파는 것이므로 5만원(=25-30)만큼 손실이 된다. 따라서 만기주가가 행사가격보다 높다면 옵션을 행사하지 않을 것이고, 이 때 풋옵션의 가치는 0이 된다.

풋옵션행사로 이익이 생기는 것은 만기주가가 행사가격보다 낮은 수준에서다. 그리고 만기주가가 낮을수록 풋옵션을 행사하여 얻게 되는 이익이 커진다. 만기주가수준(S_t)과 이에 따른 풋옵션의 만기가치(P_t)를 대응해서 표로 나타내면 〈표 10-4〉의 두 번째 줄과 같다

이번에는 풋옵션을 산 사람의 만기손익을 계산해보자. 풋옵션도 대가를 지불하고 매수해야 하고, 만기가 되면 권리가 소멸된다. 위 풋옵션의 가격이(P_0)이 1만원이라고 하자. 그러면 풋옵션을 산 사람의 만기손익은 풋옵션의 만기가치에서 구입가격만큼 빼야 하므로 〈표 10-4〉의 세 번째 줄과 같다.

지금까지 내용을 그림으로 나타내면 [그림 10-2]와 같다. 풋옵션의 만기가치를 만기 주가수준에 대응해서 표시하면 [그림 10-2]의 실선으로 표시된다. 그리고 이러한 풋옵션을 매수한 사람의 만기손익은 옵션가격만큼 빼야 하므로 그림의 점선으로 나타난다.

위 내용을 반영하여 풋옵션의 만기가치(P_t)를 수식으로 표시해보자.

만기주가(S_t) ≤ 행사가격(X) 이면　　　　$P_t = X - S_t$

만기주가(S_t) 〉 행사가격(X) 이면　　　　$P_t = 0$

이는 간단하게 다음 식으로 표시된다.

$$P_t = \max[0, X - S_t] \quad \text{(식 10.2)}$$

<표 10-4> 풋옵션 만기가치

만기주식가격(S_t)	15	20	25	30	35
만기옵션가치(C_t)	10	5	0	0	0
만기손익	9	4	-1	-1	-1

[그림 10-1]과 [그림 10-2]를 비교해보면, 콜옵션은 만기주가가 높을수록 가치가 커지고, 풋옵션은 만기주가가 낮을수록 가치가 커진다는 것을 확인할 수 있다. 따라서 콜옵션 매수자는 주가가 상승하면 이익을 얻고, 풋옵션 매수자는 주가가 하락할 때 이익을 얻게 된다.

[그림 10-2] 풋옵션 만기가치

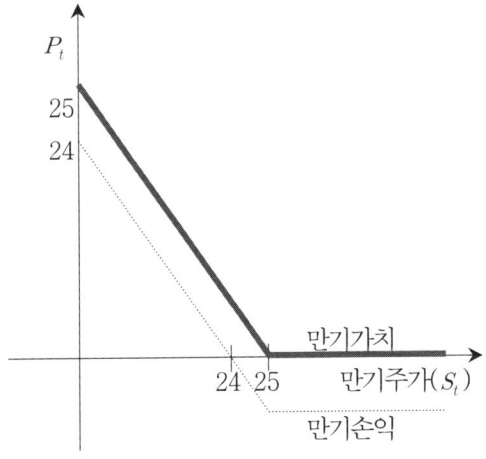

9장에서 살펴본 것처럼 선물, 옵션, 스왑 등 파생상품의 만기손익은 기초자산의 만기가격에 상관없이 매수자와 매도자의 손익합계가 항상 0이 되는 제로섬 게임(zero-sum game)이다. 즉, 선물 매도자의 만기손익 그래프는 선물

매수자의 만기손익 그래프를 x축 중심으로 180° 회전시킨 것이다. 동일한 논리에서 콜옵션 매도자의 만기손익 그래프는 콜옵션 매수자의 만기손익 그래프를 x축 중심으로 180° 회전시킨 것이며, [그림 10-3]은 이를 보여주고 있다. 한편, 풋옵션 매도자의 만기손익 그래프는 풋옵션 매수자의 만기손익 그래프를 x축 중심으로 180° 회전시킨 것이며, [그림 10-4]에서 확인할 수 있다.

[그림 10-3] 콜옵션 만기손익: 프리미엄 제외

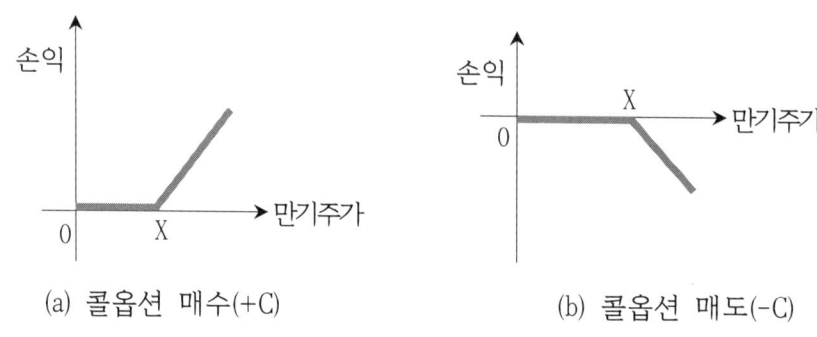

(a) 콜옵션 매수(+C)   (b) 콜옵션 매도(-C)

[그림 10-4] 풋옵션 만기손익: 프리미엄 제외

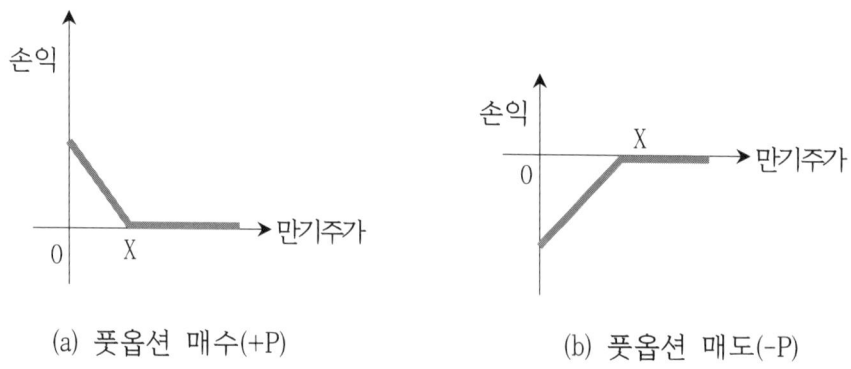

(a) 풋옵션 매수(+P)   (b) 풋옵션 매도(-P)

3. 옵션을 활용한 투자전략

옵션을 기초자산(주식)과 결합시키면 주식만 보유하는 것보다 위험을 감소시킬 수 있다. 즉, 미래에 손실이 발생하는 경우 주식만 보유할 때보다 손실폭을 줄일 수 있다. 그 반면에 미래에 이익이 발생하는 경우에는 주식만 보유할 때보다 이익 폭이 줄어든다. 이러한 효과를 헤지효과(hedge effect)라고 한다. 헤지효과를 얻기 위해 옵션과 주식을 결합하는 방법은 매우 다양한 데, 대표적인 방법을 두 가지 소개하면 다음과 같다.

(1) 주식매입과 콜옵션매도: S-C

주식을 매수하는 동시에 콜옵션을 매도한다고 가정하자. 주식을 사는 동시에 파는 콜옵션은 이 주식을 기초자산으로 하고, 현재 주식가격을 행사가격으로 하면 된다. 매입한 주식의 만기가치는 만기주가와 동일하게 움직이므로 [그림 10-5]의 (a)와 같다. 그리고 콜옵션을 매도한 경우의 만기가치는 [그림 10-5]의 (b)와 같다. 이 두 개의 손익을 합치면 주식을 매입하면서 콜옵션을 매도한 경우의 손익이 되는데 [그림 10-5]의 (c)가 된다.

(c)를 (a)와 비교하면, 주가가 상승할 때의 이익은 줄지만 주가가 하락할 때의 손실도 줄어드는 헤지효과를 확인할 수 있다. 이러한 결합형태를 'covered call'이라고 한다.

[그림 10-5] 주식매입과 콜옵션매도: S-C

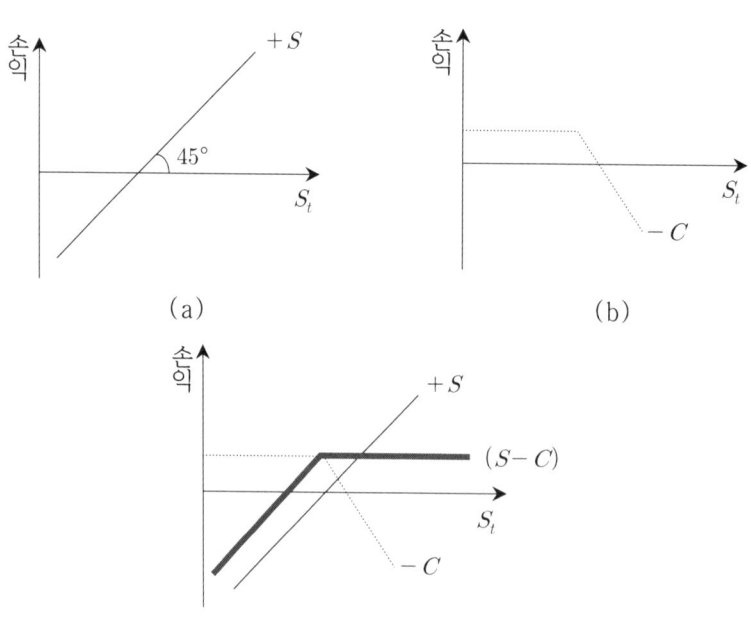

(2) 주식매입과 풋옵션매입: S+P

이번에는 주식을 매수하며 이 주식을 기초자산으로 하는 풋옵션도 함께 매수한다고 가정하자. 매입한 주식의 만기가치는 [그림 10-6]의 (a)와 같다. 여기에 풋옵션을 매수한 경우의 손익 (b)를 합하면 [그림 10-6]의 (c)와 같이 나타난다.

(c)를 (a)와 비교하면, (c)는 (a)에 비해서 주가가 상승할 때의 이익은 조금 줄었지만, 주가가 아무리 하락해도 손실은 일정 수준 밑으로 내려가지 않는 효과가 있다. 이러한 결합형태를 'protective put'이라고 한다.

[그림 10-6] 주식매입과 풋옵션매입: S+P

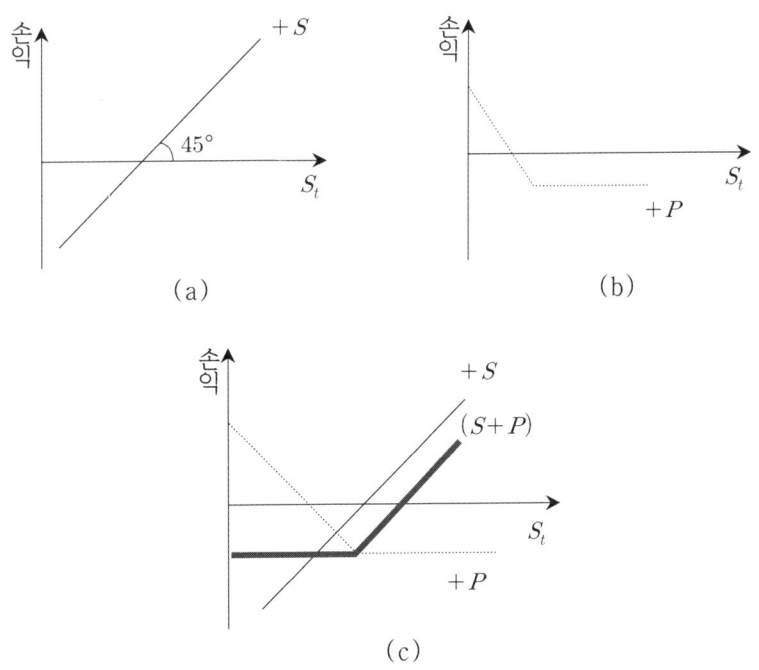

(3) 콜옵션매입과 풋옵션매입: C+P

주식과 콜/풋옵션을 매매하는 전략 이외에 동일한 기초주식에 대하여 콜옵션과 풋옵션을 동시에 매매하는 투자전략을 수행할 수 있는데, 이를 콤비네이션(combination)이라고 한다. 즉, 콤비네이션은 서로 다른 종류의 옵션을 결합하는 전략이다.

콤비네이션의 대표적 전략인 스트래들(straddle)을 살펴보자. 스트래들은 동일한 기초주식에 대해 행사가격, 만기일이 같은 콜옵션과 풋옵션을 각각 1개씩 동시에 매입하거나(C+P) 매도하는(-C-P) 기법이다.

[그림 10-7] 콜옵션매입과 풋옵션매입: C+P

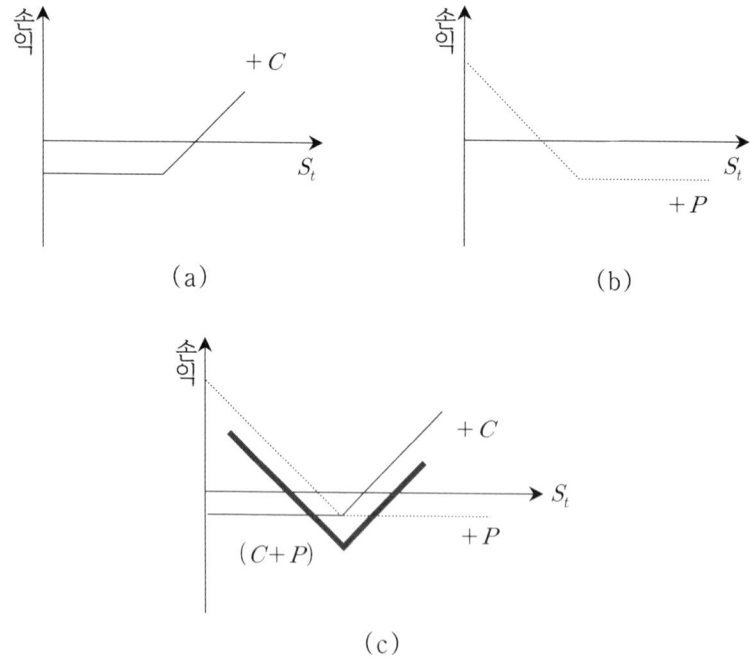

[그림 10-7]은 스트래들 매입을 보여주고 있다. 콜옵션매입ⓐ과 풋옵션매입ⓑ를 결합한 스트래들 매입ⓒ은 'V'자 형태로 만기손익이 형성된다. 스트래들 매입은 기초주식의 만기가격이 행사가격과 프리미엄의 합계를 초과하여 움직이면 초과액만큼 모두 이익이 된다. 그러나 손실은 두 개 옵션의 프리미엄 합계로 한정되는 효과가 있다. 따라서 미래 기초주식 가격이 상·하 어느 쪽으로든 크게 변동될 것으로 예상될 때 유효한 전략이다.

옵션을 이용한 투자전략은 매우 다양하다. 따라서 투자자는 자신의 투자목적에 맞도록 여러 형태로 결합시켜서 투자목적을 달성할 수 있다.

((부록))

〈부록 1〉 미래가치계수(CVIF)

〈부록 2〉 연금의 미래가치계수(CVIFA)

〈부록 3〉 현재가치계수(PVIF)

〈부록 4〉 연금의 현재가치계수(PVIFA)

〈부록 1〉 미래가치계수(CVIF)

$$CVIF = (1+i)^n$$

기간	이자율									
	1%	2%	3%	4%	5%	6%	7%	8%	9%	10%
1	1.0100	1.0200	1.0300	1.0400	1.0500	1.0600	1.0700	1.0800	1.0900	1.1000
2	1.0201	1.0404	1.0609	1.0816	1.1025	1.1236	1.1449	1.1664	1.1881	1.2100
3	1.0303	1.0612	1.0927	1.1249	1.1576	1.1910	1.2250	1.2597	1.2950	1.3310
4	1.0406	1.0824	1.1255	1.1699	1.2155	1.2625	1.3108	1.3605	1.4116	1.4641
5	1.0510	1.1041	1.1593	1.2167	1.2763	1.3382	1.4026	1.4693	1.5386	1.6105
6	1.0615	1.1262	1.1941	1.2653	1.3401	1.4185	1.5007	1.5869	1.6771	1.7716
7	1.0721	1.1487	1.2299	1.3159	1.4071	1.5036	1.6058	1.7138	1.8280	1.9487
8	1.0829	1.1717	1.2668	1.3686	1.4775	1.5938	1.7182	1.8509	1.9926	2.1436
9	1.0937	1.1951	1.3048	1.4233	1.5513	1.6895	1.8385	1.9990	2.1719	2.3579
10	1.1046	1.2190	1.3439	1.4802	1.6289	1.7908	1.9672	2.1589	2.3674	2.5937
11	1.1157	1.2434	1.3842	1.5395	1.7103	1.8983	2.1049	2.3316	2.5804	2.8531
12	1.1268	1.2682	1.4258	1.6010	1.7959	2.0122	2.2522	2.5182	2.8127	3.1384
13	1.1381	1.2936	1.4685	1.6651	1.8856	2.1329	2.4098	2.7196	3.0658	3.4523
14	1.1495	1.3195	1.5126	1.7317	1.9799	2.2609	2.5785	2.9372	3.3417	3.7975
15	1.1610	1.3459	1.5580	1.8009	2.0789	2.3966	2.7590	3.1722	3.6425	4.1772
16	1.1726	1.3728	1.6047	1.8730	2.1829	2.5404	2.9522	3.4259	3.9703	4.5950
17	1.1843	1.4002	1.6528	1.9479	2.2920	2.6928	3.1588	3.7000	4.3276	5.0545
18	1.1961	1.4282	1.7024	2.0258	2.4066	2.8543	3.3799	3.9960	4.7171	5.5599
19	1.2081	1.4568	1.7535	2.1068	2.5270	3.0256	3.6165	4.3157	5.1417	6.1159
20	1.2202	1.4859	1.8061	2.1911	2.6533	3.2071	3.8697	4.6610	5.6044	6.7275
21	1.2324	1.5157	1.8603	2.2788	2.7860	3.3996	4.1406	5.0338	6.1088	7.4002
22	1.2447	1.5460	1.9161	2.3699	2.9253	3.6035	4.4304	5.4365	6.6586	8.1403
23	1.2572	1.5769	1.9736	2.4647	3.0715	3.8197	4.7405	5.8715	7.2579	8.9543
24	1.2697	1.6084	2.0328	2.5633	3.2251	4.0489	5.0724	6.3412	7.9111	9.8497
25	1.2824	1.6406	2.0938	2.6658	3.3864	4.2919	5.4274	6.8485	8.6231	10.835
30	1.3478	1.8114	2.4273	3.2434	4.3219	5.7435	7.6123	10.063	13.268	17.449
40	1.4889	2.2080	3.2620	4.8010	7.0400	10.286	14.974	21.725	31.409	45.259
50	1.6446	2.6916	4.3839	7.1067	11.467	18.420	29.457	46.902	74.358	117.39
60	1.8167	3.2810	5.8916	10.520	18.679	32.988	57.946	101.26	176.03	304.48

* CVIF 〉 99,999

<부록 1> 미래가치계수(CVIF)

$CVIF = (1+i)^n$

기간	이자율									
	12%	14%	15%	16%	18%	20%	24%	28%	32%	36%
1	1.1200	1.1400	1.1500	1.1600	1.1800	1.2000	1.2400	1.2800	1.3200	1.3600
2	1.2544	1.2996	1.3225	1.3456	1.3924	1.4400	1.5376	1.6384	1.7424	1.8496
3	1.4049	1.4815	1.5209	1.5609	1.6430	1.7280	1.9066	2.0972	2.3000	2.5155
4	1.5735	1.6890	1.7490	1.8106	1.9388	2.0736	2.3642	2.6844	3.0360	3.4210
5	1.7623	1.9254	2.0114	2.1003	2.2878	2.4883	2.9316	3.4360	4.0075	4.6526
6	1.9738	2.1950	2.3131	2.4364	2.6996	2.9860	3.6352	4.3980	5.2899	6.3275
7	2.2107	2.5023	2.6600	2.8262	3.1855	3.5832	4.5077	5.6295	6.9826	8.6054
8	2.4760	2.8526	3.0590	3.2784	3.7589	4.2998	5.5895	7.2058	9.2170	11.703
9	2.7731	3.2519	3.5179	3.8030	4.4355	5.1598	6.9310	9.2234	12.166	15.917
10	3.1058	3.7072	4.0456	4.4114	5.2338	6.1917	8.5944	11.806	16.060	21.647
11	3.4785	4.2262	4.6524	5.1173	6.1759	7.4301	10.657	15.112	21.199	29.439
12	3.8960	4.8179	5.3503	5.9360	7.2876	8.9161	13.215	19.343	27.983	40.037
13	4.3635	5.4924	6.1528	6.8858	8.5994	10.699	16.386	24.759	36.937	54.451
14	4.8871	6.2613	7.0757	7.9875	10.147	12.839	20.319	31.691	48.757	74.053
15	5.4736	7.1379	8.1371	9.2655	11.974	15.407	25.196	40.565	64.359	100.71
16	6.1304	8.1372	9.3576	10.748	14.129	18.488	31.243	51.923	84.954	136.97
17	6.8660	9.2765	10.761	12.468	16.672	22.186	38.741	66.461	112.14	186.28
18	7.6900	10.575	12.375	14.463	19.673	26.623	48.039	85.071	148.02	253.34
19	8.6128	12.056	14.232	16.777	23.214	31.948	59.568	108.89	195.39	344.54
20	9.6463	13.743	16.367	19.461	27.393	38.338	73.864	139.38	257.92	468.57
21	10.804	15.668	18.822	22.574	32.324	46.005	91.592	178.41	340.45	637.26
22	12.100	17.861	21.645	26.186	38.142	55.206	113.57	228.36	449.39	866.67
23	13.552	20.362	24.891	30.376	45.008	66.247	140.83	292.30	593.20	1178.7
24	15.179	23.212	28.625	35.236	53.109	79.497	174.63	374.14	783.02	1603.0
25	17.000	26.462	32.919	40.874	62.669	95.396	216.54	478.90	1033.6	2180.1
30	29.960	50.950	66.212	85.850	143.37	237.38	634.82	1645.5	4142.1	10143
40	93.051	188.88	267.86	378.72	750.38	1469.8	5455.9	19427	66521	*
50	289.00	700.23	1083.7	1670.7	3927.4	9100.4	46890	*	*	*
60	897.60	2595.9	4384.0	7370.2	20555	56348	*	*	*	*

〈부록 2〉 연금의 미래가치계수(CVIFA)

$$CVIFA = \frac{(1+i)^n - 1}{i}$$

기간	이자율									
	1%	2%	3%	4%	5%	6%	7%	8%	9%	10%
1	1.0000	1.0000	1.0000	1.0000	1.0000	1.0000	1.0000	1.0000	1.0000	1.0000
2	2.0100	2.0200	2.0300	2.0400	2.0500	2.0600	2.0700	2.0800	2.0900	2.1000
3	3.0301	3.0604	3.0909	3.1216	3.1525	3.1836	3.2149	3.2464	3.2781	3.3100
4	4.0604	4.1216	4.1836	4.2465	4.3101	4.3746	4.4399	4.5061	4.5731	4.6410
5	5.1010	5.2040	5.3091	5.4163	5.5256	5.6371	5.7507	5.8666	5.9847	6.1051
6	6.1520	6.3081	6.4684	6.6330	6.8019	6.9753	7.1533	7.3359	7.5233	7.7156
7	7.2135	7.4343	7.6625	7.8983	8.1420	8.3938	8.6540	8.9228	9.2004	9.4872
8	8.2857	8.5830	8.8923	9.2142	9.5491	9.8975	10.260	10.637	11.028	11.436
9	9.3685	9.7546	10.159	10.583	11.027	11.491	11.978	12.488	13.021	13.579
10	10.462	10.950	11.464	12.006	12.578	13.181	13.816	14.487	15.193	15.937
11	11.567	12.169	12.808	13.486	14.207	14.972	15.784	16.645	17.560	18.531
12	12.683	13.412	14.192	15.026	15.917	16.870	17.888	18.977	20.141	21.384
13	13.809	14.680	15.618	16.627	17.713	18.882	20.141	21.495	22.953	24.523
14	14.947	15.974	17.086	18.292	19.599	21.015	22.550	24.215	26.019	27.975
15	16.097	17.293	18.599	20.024	21.579	23.276	25.129	27.152	29.361	31.772
16	17.258	18.639	20.157	21.825	23.657	25.673	27.888	30.324	33.003	35.950
17	18.430	20.012	21.762	23.698	25.840	28.213	30.840	33.750	36.974	40.545
18	19.615	21.412	23.414	25.645	28.132	30.906	33.999	37.450	41.301	45.599
19	20.811	22.841	25.117	27.671	30.539	33.760	37.379	41.446	46.018	51.159
20	22.019	24.297	26.870	29.778	33.066	36.786	40.995	45.762	51.160	57.275
21	23.239	25.783	28.676	31.969	35.719	39.993	44.865	50.423	56.765	64.002
22	24.472	27.299	30.537	34.248	38.505	43.392	49.006	55.457	62.873	71.403
23	25.716	28.845	32.453	36.618	41.430	46.996	53.436	60.893	69.532	79.543
24	26.973	30.422	34.426	39.083	44.502	50.816	58.177	66.765	76.790	88.497
25	28.243	32.030	36.459	41.646	47.727	54.865	63.249	73.106	84.701	98.347
30	34.785	40.568	47.575	56.085	66.439	79.058	94.461	113.28	136.31	164.49
40	48.886	60.402	75.401	95.026	120.80	154.76	199.64	259.06	337.88	442.59
50	64.463	84.579	112.80	152.67	209.35	290.34	406.53	573.77	815.08	1163.9
60	81.670	114.05	163.05	237.99	353.58	533.13	813.52	1253.2	1944.8	3034.8

* CVIFA 〉 99,999

〈부록 2〉 연금의 미래가치계수(CVIFA)

$$CVIFA = \frac{(1+i)^n - 1}{i}$$

기간	이자율									
	12%	14%	15%	16%	18%	20%	24%	28%	32%	36%
1	1.0000	1.0000	1.0000	1.0000	1.0000	1.0000	1.0000	1.0000	1.0000	1.0000
2	2.1200	2.1400	2.1500	2.1600	2.1800	2.2000	2.2400	2.2800	2.3200	2.3600
3	3.3744	3.4396	3.4725	3.5056	3.5724	3.6400	3.7776	3.9184	4.0624	4.2096
4	4.7793	4.9211	4.9934	5.0665	5.2154	5.3680	5.6842	6.0156	6.3624	6.7251
5	6.3528	6.6101	6.7424	6.8771	7.1542	7.4416	8.0484	8.6999	9.3983	10.146
6	8.1152	8.5355	8.7537	8.9775	9.4420	9.9299	10.980	12.136	13.406	14.799
7	10.089	10.730	11.067	11.414	12.142	12.916	14.615	16.534	18.696	21.126
8	12.300	13.233	13.727	14.240	15.327	16.499	19.123	22.163	25.678	29.732
9	14.776	16.085	16.786	17.519	19.086	20.799	24.712	29.369	34.895	41.435
10	17.549	19.337	20.304	21.321	23.521	25.959	31.643	38.593	47.062	57.352
11	20.655	23.045	24.349	25.733	28.755	32.150	40.238	50.398	63.122	78.998
12	24.133	27.271	29.002	30.850	34.931	39.581	50.895	65.510	84.320	108.44
13	28.029	32.089	34.352	36.786	42.219	48.497	64.110	84.853	112.30	148.47
14	32.393	37.581	40.505	43.672	50.818	59.196	80.496	109.61	149.24	202.93
15	37.280	43.842	47.580	51.660	60.965	72.035	100.82	141.30	198.00	276.98
16	42.753	50.980	55.717	60.925	72.939	87.442	126.01	181.87	262.36	377.69
17	48.884	59.118	65.075	71.673	87.068	105.93	157.25	233.79	347.31	514.66
18	55.750	68.394	75.836	84.141	103.74	128.12	195.99	300.25	459.45	700.94
19	63.440	78.969	88.212	98.603	123.41	154.74	244.03	385.32	607.47	954.28
20	72.052	91.025	102.44	115.38	146.63	186.69	303.60	494.21	802.86	1298.8
21	81.699	104.77	118.81	134.84	174.02	225.03	377.46	633.59	1060.8	1767.4
22	92.503	120.44	137.63	157.41	206.34	271.03	469.06	812.00	1401.2	2404.7
23	104.60	138.30	159.28	183.60	244.49	326.24	582.63	1040.4	1850.6	3271.3
24	118.16	158.66	184.17	213.98	289.49	392.48	723.46	1332.7	2443.8	4450.0
25	133.33	181.87	212.79	249.21	342.60	471.98	898.09	1706.8	3226.8	6053.0
30	241.33	356.79	434.75	530.31	790.95	1181.9	2640.9	5873.2	12941	28172
40	767.09	1342.0	1779.1	2360.8	4163.2	7343.9	22729	69377	*	*
50	2400.0	4994.5	7217.7	10436	21813	45497	*	*	*	*
60	7471.6	18535	29220	46058	*	*	*	*	*	*

<부록 3> 현재가치계수(PVIF)

$$PVIF = \frac{1}{(1+i)^n}$$

기간	이자율									
	1%	2%	3%	4%	5%	6%	7%	8%	9%	10%
1	0.9901	0.9804	0.9709	0.9615	0.9524	0.9434	0.9346	0.9259	0.9174	0.9091
2	0.9803	0.9612	0.9426	0.9246	0.9070	0.8900	0.8734	0.8573	0.8417	0.8264
3	0.9706	0.9423	0.9151	0.8890	0.8638	0.8396	0.8163	0.7938	0.7722	0.7513
4	0.9610	0.9238	0.8885	0.8548	0.8227	0.7921	0.7629	0.7350	0.7084	0.6830
5	0.9515	0.9057	0.8626	0.8219	0.7835	0.7473	0.7130	0.6806	0.6499	0.6209
6	0.9420	0.8880	0.8375	0.7903	0.7462	0.7050	0.6663	0.6302	0.5963	0.5645
7	0.9327	0.8706	0.8131	0.7599	0.7107	0.6651	0.6227	0.5835	0.5470	0.5132
8	0.9235	0.8535	0.7894	0.7307	0.6768	0.6274	0.5820	0.5403	0.5019	0.4665
9	0.9143	0.8368	0.7664	0.7026	0.6446	0.5919	0.5439	0.5002	0.4604	0.4241
10	0.9053	0.8203	0.7441	0.6756	0.6139	0.5584	0.5083	0.4632	0.4224	0.3855
11	0.8963	0.8043	0.7224	0.6496	0.5847	0.5268	0.4751	0.4289	0.3875	0.3505
12	0.8874	0.7885	0.7014	0.6246	0.5568	0.4970	0.4440	0.3971	0.3555	0.3186
13	0.8787	0.7730	0.6810	0.6006	0.5303	0.4688	0.4150	0.3677	0.3262	0.2897
14	0.8700	0.7579	0.6611	0.5775	0.5051	0.4423	0.3878	0.3405	0.2992	0.2633
15	0.8613	0.7430	0.6419	0.5553	0.4810	0.4173	0.3624	0.3152	0.2745	0.2394
16	0.8528	0.7284	0.6232	0.5339	0.4581	0.3936	0.3387	0.2919	0.2519	0.2176
17	0.8444	0.7142	0.6050	0.5134	0.4363	0.3714	0.3166	0.2703	0.2311	0.1978
18	0.8360	0.7002	0.5874	0.4936	0.4155	0.3503	0.2959	0.2502	0.2120	0.1799
19	0.8277	0.6864	0.5703	0.4746	0.3957	0.3305	0.2765	0.2317	0.1945	0.1635
20	0.8195	0.6730	0.5537	0.4564	0.3769	0.3118	0.2584	0.2145	0.1784	0.1486
21	0.8114	0.6598	0.5375	0.4388	0.3589	0.2942	0.2415	0.1987	0.1637	0.1351
22	0.8034	0.6468	0.5219	0.4220	0.3418	0.2775	0.2257	0.1839	0.1502	0.1228
23	0.7954	0.6342	0.5067	0.4057	0.3256	0.2618	0.2109	0.1703	0.1378	0.1117
24	0.7876	0.6217	0.4919	0.3901	0.3101	0.2470	0.1971	0.1577	0.1264	0.1015
25	0.7798	0.6095	0.4776	0.3751	0.2953	0.2330	0.1842	0.1460	0.1160	0.0923
30	0.7419	0.5521	0.4120	0.3083	0.2314	0.1741	0.1314	0.0994	0.0754	0.0573
40	0.6717	0.4529	0.3066	0.2083	0.1420	0.0972	0.0668	0.0460	0.0318	0.0221
50	0.6080	0.3715	0.2281	0.1407	0.0872	0.0543	0.0339	0.0213	0.0134	0.0085

* 소수 넷째 자리까지 0

<부록 3> 현재가치계수(PVIF)

$$PVIF = \frac{1}{(1+i)^n}$$

기간	이자율									
	12%	14%	15%	16%	18%	20%	24%	28%	32%	36%
1	0.8929	0.8772	0.8696	0.8621	0.8475	0.8333	0.8065	0.7813	0.7576	0.7353
2	0.7972	0.7695	0.7561	0.7432	0.7182	0.6944	0.6504	0.6104	0.5739	0.5407
3	0.7118	0.6750	0.6575	0.6407	0.6086	0.5787	0.5245	0.4768	0.4348	0.3975
4	0.6355	0.5921	0.5718	0.5523	0.5158	0.4823	0.4230	0.3725	0.3294	0.2923
5	0.5674	0.5194	0.4972	0.4761	0.4371	0.4019	0.3411	0.2910	0.2495	0.2149
6	0.5066	0.4556	0.4323	0.4104	0.3704	0.3349	0.2751	0.2274	0.1890	0.1580
7	0.4523	0.3996	0.3759	0.3538	0.3139	0.2791	0.2218	0.1776	0.1432	0.1162
8	0.4039	0.3506	0.3269	0.3050	0.2660	0.2326	0.1789	0.1388	0.1085	0.0854
9	0.3606	0.3075	0.2843	0.2630	0.2255	0.1938	0.1443	0.1084	0.0822	0.0628
10	0.3220	0.2697	0.2472	0.2267	0.1911	0.1615	0.1164	0.0847	0.0623	0.0462
11	0.2875	0.2366	0.2149	0.1954	0.1619	0.1346	0.0938	0.0662	0.0472	0.0340
12	0.2567	0.2076	0.1869	0.1685	0.1372	0.1122	0.0757	0.0517	0.0357	0.0250
13	0.2292	0.1821	0.1625	0.1452	0.1163	0.0935	0.0610	0.0404	0.0271	0.0184
14	0.2046	0.1597	0.1413	0.1252	0.0985	0.0779	0.0492	0.0316	0.0205	0.0135
15	0.1827	0.1401	0.1229	0.1079	0.0835	0.0649	0.0397	0.0247	0.0155	0.0099
16	0.1631	0.1229	0.1069	0.0930	0.0708	0.0541	0.0320	0.0193	0.0118	0.0073
17	0.1456	0.1078	0.0929	0.0802	0.0600	0.0451	0.0258	0.0150	0.0089	0.0054
18	0.1300	0.0946	0.0808	0.0691	0.0508	0.0376	0.0208	0.0118	0.0068	0.0039
19	0.1161	0.0829	0.0703	0.0596	0.0431	0.0313	0.0168	0.0092	0.0051	0.0029
20	0.1037	0.0728	0.0611	0.0514	0.0365	0.0261	0.0135	0.0072	0.0039	0.0021
21	0.0926	0.0638	0.0531	0.0443	0.0309	0.0217	0.0109	0.0056	0.0029	0.0016
22	0.0826	0.0560	0.0462	0.0382	0.0262	0.0181	0.0088	0.0044	0.0022	0.0012
23	0.0738	0.0491	0.0402	0.0329	0.0222	0.0151	0.0071	0.0034	0.0017	0.0008
24	0.0659	0.0431	0.0349	0.0284	0.0188	0.0126	0.0057	0.0027	0.0013	0.0006
25	0.0588	0.0378	0.0304	0.0245	0.0160	0.0105	0.0046	0.0021	0.0010	0.0005
30	0.0334	0.0196	0.0151	0.0116	0.0070	0.0042	0.0016	0.0006	0.0002	0.0001
40	0.0107	0.0053	0.0037	0.0026	0.0013	0.0007	0.0002	0.0001	*	*
50	0.0035	0.0014	0.0009	0.0006	0.0003	0.0001	*	*	*	*

⟨부록 4⟩ 연금의 현재가치계수(PVIFA)

$$PVIFA = \frac{1}{i} - \frac{1}{i(1+i)^n}$$

기간	이자율									
	1%	2%	3%	4%	5%	6%	7%	8%	9%	10%
1	0.9901	0.9804	0.9709	0.9615	0.9524	0.9434	0.9346	0.9259	0.9174	0.9091
2	1.9704	1.9416	1.9135	1.8861	1.8594	1.8334	1.8080	1.7833	1.7591	1.7355
3	2.9410	2.8839	2.8286	2.7751	2.7232	2.6730	2.6243	2.5771	2.5313	2.4869
4	3.9020	3.8077	3.7171	3.6299	3.5460	3.4651	3.3872	3.3121	3.2397	3.1699
5	4.8534	4.7135	4.5797	4.4518	4.3295	4.2124	4.1002	3.9927	3.8897	3.7908
6	5.7955	5.6014	5.4172	5.2421	5.0757	4.9173	4.7665	4.6229	4.4859	4.3553
7	6.7282	6.4720	6.2303	6.0021	5.7864	5.5824	5.3893	5.2064	5.0330	4.8684
8	7.6517	7.3255	7.0197	6.7327	6.4632	6.2098	5.9713	5.7466	5.5348	5.3349
9	8.5660	8.1622	7.7861	7.4353	7.1078	6.8017	6.5152	6.2469	5.9952	5.7590
10	9.4713	8.9826	8.5302	8.1109	7.7217	7.3601	7.0236	6.7101	6.4177	6.1446
11	10.368	9.7868	9.2526	8.7605	8.3064	7.8869	7.4987	7.1390	6.8052	6.4951
12	11.255	10.575	9.9540	9.3851	8.8633	8.3838	7.9427	7.5361	7.1607	6.8137
13	12.134	11.348	10.635	9.9856	9.3936	8.8527	8.3577	7.9038	7.4869	7.1034
14	13.004	12.106	11.296	10.563	9.8986	9.2950	8.7455	8.2442	7.7862	7.3667
15	13.865	12.849	11.938	11.118	10.380	9.7122	9.1079	8.5595	8.0607	7.6061
16	14.718	13.578	12.561	11.652	10.838	10.106	9.4466	8.8514	8.3126	7.8237
17	15.562	14.292	13.166	12.166	11.274	10.477	9.7632	9.1216	8.5436	8.0216
18	16.398	14.992	13.754	12.659	11.690	10.828	10.059	9.3719	8.7556	8.2014
19	17.226	15.678	14.324	13.134	12.085	11.158	10.336	9.6036	8.9501	8.3649
20	18.046	16.351	14.877	13.590	12.462	11.470	10.594	9.8181	9.1285	8.5136
21	18.857	17.011	15.415	14.029	12.821	11.764	10.836	10.017	9.2922	8.6487
22	19.660	17.658	15.937	14.451	13.163	12.042	11.061	10.201	9.4424	8.7715
23	20.456	18.292	16.444	14.857	13.489	12.303	11.272	10.371	9.5802	8.8832
24	21.243	18.914	16.936	15.247	13.799	12.550	11.469	10.529	9.7066	8.9847
25	22.023	19.523	17.413	15.622	14.094	12.783	11.654	10.675	9.8226	9.0770
30	25.808	22.396	19.600	17.292	15.372	13.765	12.409	11.258	10.274	9.4269
40	32.835	27.355	23.115	19.793	17.159	15.046	13.332	11.925	10.757	9.7791
50	39.196	31.424	25.730	21.482	18.256	15.762	13.801	12.233	10.962	9.9148

〈부록 4〉 연금의 현재가치계수(PVIFA) $PVIFA = \dfrac{1}{i} - \dfrac{1}{i(1+i)^n}$

기간	이자율									
	12%	14%	15%	16%	18%	20%	24%	28%	32%	36%
1	0.8929	0.8772	0.8696	0.8621	0.8475	0.8333	0.8065	0.7813	0.7576	0.7353
2	1.6901	1.6467	1.6257	1.6052	1.5656	1.5278	1.4568	1.3916	1.3315	1.2760
3	2.4018	2.3216	2.2832	2.2459	2.1743	2.1065	1.9813	1.8684	1.7663	1.6735
4	3.0373	2.9137	2.8550	2.7982	2.6901	2.5887	2.4043	2.2410	2.0957	1.9658
5	3.6048	3.4331	3.3522	3.2743	3.1272	2.9906	2.7454	2.5320	2.3452	2.1807
6	4.1114	3.8887	3.7845	3.6847	3.4976	3.3255	3.0205	2.7594	2.5342	2.3388
7	4.5638	4.2883	4.1604	4.0386	3.8115	3.6046	3.2423	2.9370	2.6775	2.4550
8	4.9676	4.6389	4.4873	4.3436	4.0776	3.8372	3.4212	3.0758	2.7860	2.5404
9	5.3282	4.9464	4.7716	4.6065	4.3030	4.0310	3.5655	3.1842	2.8681	2.6033
10	5.6502	5.2161	5.0188	4.8332	4.4941	4.1925	3.6819	3.2689	2.9304	2.6495
11	5.9377	5.4527	5.2337	5.0286	4.6560	4.3271	3.7757	3.3351	2.9776	2.6834
12	6.1944	5.6603	5.4206	5.1971	4.7932	4.4392	3.8514	3.3868	3.0133	2.7084
13	6.4235	5.8424	5.5831	5.3423	4.9095	4.5327	3.9124	3.4272	3.0404	2.7268
14	6.6282	6.0021	5.7245	5.4675	5.0081	4.6106	3.9616	3.4587	3.0609	2.7403
15	6.8109	6.1422	5.8474	5.5755	5.0916	4.6755	4.0013	3.4834	3.0764	2.7502
16	6.9740	6.2651	5.9542	5.6685	5.1624	4.7296	4.0333	3.5026	3.0882	2.7575
17	7.1196	6.3729	6.0472	5.7487	5.2223	4.7746	4.0591	3.5177	3.0971	2.7629
18	7.2497	6.4674	6.1280	5.8178	5.2732	4.8122	4.0799	3.5294	3.1039	2.7668
19	7.3658	6.5504	6.1982	5.8775	5.3162	4.8435	4.0967	3.5386	3.1090	2.7697
20	7.4694	6.6231	6.2593	5.9288	5.3527	4.8696	4.1103	3.5458	3.1129	2.7718
21	7.5620	6.6870	6.3125	5.9731	5.3837	4.8913	4.1212	3.5514	3.1158	2.7734
22	7.6446	6.7429	6.3587	6.0113	5.4099	4.9094	4.1300	3.5558	3.1180	2.7746
23	7.7184	6.7921	6.3988	6.0442	5.4321	4.9245	4.1371	3.5592	3.1197	2.7754
24	7.7843	6.8351	6.4338	6.0726	5.4509	4.9371	4.1428	3.5619	3.1210	2.7760
25	7.8431	6.8729	6.4641	6.0971	5.4669	4.9476	4.1474	3.5640	3.1220	2.7765
30	8.0552	7.0027	6.5660	6.1772	5.5168	4.9789	4.1601	3.5693	3.1242	2.7775
40	8.2438	7.1050	6.6418	6.2335	5.5482	4.9966	4.1659	3.5712	3.1250	2.7778
50	8.3045	7.1327	6.6605	6.2463	5.5541	4.9995	4.1666	3.5714	3.1250	2.7778

재무관리의 이해와 응용

저 자 | 박창욱 著

발 행 처 | 에듀컨텐츠휴피아
발 행 인 | 李 相 烈
발 행 일 | 초판 1쇄 • 2017년 8월 30일

출판등록 | 제22-682호 (2002년 1월 9일)
주 소 | 서울 광진구 자양로 30길 79
전 화 | (02) 443-6366
팩 스 | (02) 443-6376
e-mail | huepia@daum.net
web | http://cafe.naver.com/eduhuepia
만든사람들 | 기획 • 김수아 / 책임편집 • 이지원 유현주 황혜영
디자인 • 김미나 / 영업 • 이순우

정 가 | 12,000원
I S B N | 978-89-6356-213-1 (93320)

※ 책의 일부 또는 전체에 대하여 무단복사, 복제는 저작권법에 위배됩니다.

[도서검색 QR코드]